香港城市發展

25·50

回顧與展望

陳翠兒 —— 主編

沒有走往希望的路，希望就是路。

There is no way to Hope. Hope is the way.

此書獻給所有愛這城市的人，
在過去，現在，與未來。

Dedicated to all who
love this city, past,
present and future.

Contents

C i t y

p   l   a   n   n   i   n   g

《25‧50——香港城市發展回顧與展望》集城中眾有心人撰文，從多角度回望和前瞻，助各方思考我城如何前進，邁向可持續發展。編者陳翠兒將此回顧與展望分成五大板塊，並以「可持續發展」的篇章帶頭出場。在全球氣候變化的挑戰中，香港力爭在 2050 年前達至碳中和，城市發展的低碳轉型正是重中之重，我樂見吳恩融、陸恭蕙、凌嘉勤和陳輩樂的篇章，從四個不同角度分別剖析香港的「可持續未來」，值得大家先睹，因氣候行動宜快！另外四大板塊，涵蓋城市、建築、社區至未來想像的設計層面，當中篇章與香港城市發展的「可持續未來」在不同程度上呼應，例如，梁文傑致力倡建的低碳健康建築環境，鍾宏亮積極參建的鄉郊永續發展，都值得大家多留意，甚至身處其中，進一步感悟本地城鄉共融的低碳樂活。過去數十年的我城建設，我亦參與其中，由建築師、倡議者、研究顧問，至政策局局長的角色，在此也作回顧與展望，支持「可持續未來」：

綠色建築至零碳設計

回望 1990 年代尾，我作為建築師剛參與完成環保公屋「茵怡花園」，亦在倡議香港建築師學會（HKIA）新增委員會以促進綠色建築，當年 HKIA 積極回應，創立「環境及可持續發展委員會」。2000 年代初，此委員會發起聯會開創「環保建築專業議會」（PGBC）。再至 2000 年代尾，孕育「香港綠色建築議會」（HKGBC），我一路參與其中，更有系統地推展可持續建築環境，包括「綠建環評」（BEAM Plus）、環保建築大獎等，業界亦開始倡建零碳建築，例如 PGBC 曾倡議善用已復修堆填區，示範零碳

環保教育空間。建築師業務上，我亦投入零碳綠建，由香港科學園第三期至西九文化區的總體規劃，至 2011 至 2012 年間設計及落實的「零碳天地」。展望未來廿餘年，如《香港氣候行動藍圖 2050》所述，大型新發展區都將以零碳為本，同時新舊建築向低碳轉型和電動車普及化，配合香港力爭 2050 年前碳中和！

都市氣候和城鄉共融

1990 年代的經典著作 Hong Kong Architecture: The Aesthetics of Density，正評緊湊型城市發展，節地節能，結合綠色出行。2000 年代，香港歷經「沙士」疫情及「屏風樓」等挑戰，宜居城市議題成為熱話，包括研究都市氣候、提倡低碳本地遊。我有緣參與其中，加入研究團，支持規劃署制定「空氣流通評估方法」以至「都市氣候規劃建議圖」；又領導另一顧問組，支持屋宇署制定「可持續建築設計指引」，以規範個別建築項目的透風和綠化率等，多管齊下，以助減緩熱島效應以至全球暖化所引致的高溫熱浪等疊加挑戰。市區以外，本地鄉郊亦是我城重要生活圈，支持大眾身心靈健康。過往，保育建築以個別古蹟角度為本。至 2010 年代初，以荔枝窩為例，多方協力復育古村，作出示範，支持偏遠鄉郊「點線面地」可持續發展。2017 年，我時任環境局局長，《行政長官施政報告》公佈復育偏遠鄉郊的政策，包括創立鄉郊保育辦公室，促進城鄉共融，增進低碳樂活。

深綠建築兼綠色生活

香港的氣候行動正步步前行，例如人均碳排放量，已從 2017 年 6.2 公噸的峰值，降至近年約 4 公噸。2022 年年中，我出席將軍澳已復修堆填區「環保村」的動土禮，欣見環保署所批的活化項目將是又一零碳綠建，好讓大眾體驗低碳樂活。前望未來 20 餘年，香港力爭 2050 年前

達至碳中和，是我城可持續發展的關鍵，香港建築以至都市設計，要跨越「高密度的美學」，需結合零碳綠建、都市氣候、城鄉共融等新進考量，同時務請人人低碳衣食住行，即是既要深綠建築環境，又要綠色城鄉共融的生活，以支持落實《香港氣候行動藍圖2050》，邁向可持續發展。《25‧50 —— 香港城市發展回顧與展望》正好助我們思考如何前行，邁向「可持續未來」！

城市發展是漫長、有時看起來紛亂無序，但其實充滿互動、理性規律以及趣味無窮的有機過程。

城市規劃師或城市設計師，期望城市發展可以按自己的計劃逐步實現，但是隨著時間的轉移，不斷有新的問題和機遇湧現，城市發展必須作出相應的轉變。俄烏戰爭打亂了歐洲國家實現碳中和的步伐，以及令他們知道單靠天然氣不是辦法。三年的 Covid 疫情過後，我們必須痛定思痛，思考怎樣建構健康城市。

這類突發事件並非今天獨有。上世紀中葉，香港在急速的經濟及城市發展的過程之中，拆卸了大量舊建築物，當中不少具有歷史價值及保育意義。香港市民在 1980 年代開始反思，這類推土機模式的城市更新是否必要，開始出現保育歷史建築物以及集體回憶的訴求。最有代表性的事件，是 2007 年拆卸皇后碼頭引起的風波，其後政府也有積極回應社會的訴求，雷生春、PMQ、大館以及中環街市陸續保育，為市民喜愛的公共建築。這點蔡宏興建築師的文章內有很精闢的分析，林中偉建築師的文章也有詳盡的報道。

經濟發展加劇石化燃料的消耗，引起氣候暖化的危機。面對海洋水位上升威脅全球沿岸城市之際，城市設計師及建築師也須遵從《京都議定書》及《巴黎協定》等國際公約，以及各國的減排節能以及淨零目標，在城市及建築設計上作出配合。過去 20 多年，香港在綠色建築、再生能源的

應用、城市綠化以及微氣候的研究方面也作出一些努力，可以參閱吳恩融教授的文章。

市民期望的轉變尤其難以捉摸。上世紀中戰後，大量人口從內地湧入香港，大部分都抱持著過客的心態在香港追尋較好的生活，香港對他們來說只是「借來的空間」及「借來的時間」，對「香港人」沒有什麼身份認同的概念。香港只是經濟機器，因此香港的大型規劃到現在，還常常出現伍美琴教授在文中說的缺陷：沒有在地的生態和人文知識；反而未經過正規規劃的舊區，能有機地發展出自己的社區特色。戰後在香港土生土長的一輩，則對香港文化傳統的認同感強得多，對過去的規劃機制當然不滿意。不少建築師對香港的歷史文化進行探索及整理，意圖梳理出清晰的脈絡方便承傳。大家可以參考羅健中、鍾宏亮、韓曼的討論。因此香港政府需要加強在規劃過程中的公眾參與機制，收集市民的意見和期望。

以上是我嘗試從本書多位專家的文章中，總結香港過去數十年在城市發展的有機及互動過程。那麼展望未來數十年，香港的城市發展將會何去何從？我相信香港人會繼續追尋更加宜居、共融、可持續、富經濟活力、有濃厚城市個性及文化傳統氣息的城市，大家可以從本書其他專家的文章中找到啟示。

前言

陳翠兒建築師

《25‧50》是香港回歸後一本重要的文獻，每一篇文章都是我們在城市發展再前行的提點。回歸後 25 年，我們面對不少改變和挑戰，需要重新認識自己的歷史，探索我們的新定位。這些年，我們經歷了全球氣候變化、2003 年的 SARS、2019 年的社會動盪、2020 年的全球新冠疫情、新智能科技的出現等。實在，世界和我們在不斷變化中。對於承諾的 50 年，我們已經走過了一半的路程，現在是時候停下來，回顧過去 25 年我們在城市發展的成就，來一個檢視，亦為未來 25 年展望我們發展的方向。城市反映我們的共同願景，我們期望的是什麼？什麼對我們重要？我們想共建一個怎樣的城市？

《25‧50》是誠懇的回顧、殷切的展望，亦是一個行動。29 位香港的城市規劃師、建築師和環保專家們，從不同位置、不同角度，一起回顧城市這些年的發展，作出真誠的、勇敢的檢討和展望，希望香港能迎難而上，轉危為機，成為世界高密度、可宜居、可延續城市的典範。書中每一位作者，都在自己的領域有所成就，他們的睿智都來自多年的實際經驗，每一篇文章都是他們對這城市真誠的關懷。《25‧50》給了我們再往前走的方向，信心和希望。

甜甜圈經濟

現代城市發展，不斷強調經濟成長，我們要建造更多核心商業區（CBD）、更多商業大樓，更多消費，刺激更多生產，希望藉此會過得更幸福，更富足。英國經濟學家凱特‧拉沃斯（Kate Raworth）在思考「人類如何可以過繁榮的生活？」的問題時，提出了「甜甜圈經濟」

（Doughnut Economy），重新思考人類創造及分配財富的方式。怎樣的世界才能讓人持續繁榮發展？她的觀點是，必須每人都能過有尊嚴、有機會、有社群感的生活，同時不超過地球的負荷範圍。

「甜甜圈經濟」以甜甜圈的圖像表達這新經濟思維。它是一個全新的指南針，引領我們到一個人類需求能獲滿足，地球生態亦能受保護的社會。甜甜圈的下方是社會基底盤，是關於人的福祉。上方是生態天花板，是地球生態負荷的限制。底層內環的社會基底盤有 12 項生活基本需要，包括健康、食糧、工作、教育、人際網絡、住房、水源、能源、性別平等、社會公平、政治發聲及和平正義。

生態天花板包括了氣候變遷、臭氧層破壞、空氣污染、生物多樣性喪失、土地利用、淡水消耗、氮磷負荷、化學污染、海洋酸化。甜甜圈底層的社會基底盤是不能短缺的生活範疇，而頂層是不可超越的生態領域。新的經濟觀點補充了傳統經濟學的不足，以往純粹以生產總值（GDP）為經濟發展指標，已不再適合現今的世代。當我們計劃和設計未來的城市時，更需要顧及社會上各人基本需要的富足，亦不可超越生態的天花板。

聯合國可持續發展目標

聯合國在 2015 年通過了「可持續發展目標」（Sustainable Development Goals），希望世界各國為下世代共創一個可持續發展的未來。這 17 個指標互相關連，宗旨是不讓任何一個人掉隊，建立更和平及繁榮的社會。

聯合國承諾，致力在未來 15 年實踐這 17 個「全球目標」，結束極端貧窮、不平等和不公義，抵抗氣候變化。17 個可持續發展目標包括：

無貧窮、零飢餓、良好的健康與福祉、優質教育、性別平等、清潔食水和衛生設施、經濟適用的清潔能源、有體面的工作和經濟增長、創新與基礎設施、減少不平等、建造可持續城市及社區、推動負責任的消費及生產、氣候行動、保護水下及陸地生物、建立和平正義的機構、促進達成目標的夥伴關係。

世界發展的方向

聯合國可持續發展目標與甜甜圈經濟，同時提出了未來發展方向的新指標，取代以往純以經濟成長為主導，對設計和規劃未來城市定立了新方向。香港作為地球的一份子，亦責無旁貸，為了下一代有生存的機會，我們需要以新的價值觀，結合新科技的應用，合力共建香港成為一個可持續又宜居的城市。

可持續的未來

全書細分為五部分，分別是「可持續未來」、「城市規劃」、「建築設計」、「城市為人」及「想像未來」。第一部分以吳恩融教授之《50年真的不變？》為首篇。距離 1997 年承諾「世紀中零排放」的目標，只剩不多的時間，但全球在達成零排放目標和解決氣候變化上，進度甚不理想。香港在這方面已制定了相關的政策，如「香港氣候行動藍圖2050」、「香港清新空氣藍圖 2035」及「資源循環藍圖 2035」。香港作為一個高密度城市，通風和減低氣溫上升最為重要。通過科學研究，如空氣流通評估、都市氣候圖、風環境評估標準，識別出香港有氣候問題的區域，在城市規劃上應作出對應。吳教授指出，香港在過去 25 年，尤其從 SARS 之後，政府和市民對於城市居住環境有更高的關注，已開始把本地城市氣候研究，應用於城市規劃和大型建築項目之中，但這還只是開始。對於未來，文中提醒持份者要摒棄「不變」的思維，以科學

自省，大膽創新，在解決今日問題時，不要創造明日的問題。

策略規劃的模式轉移

《香港 2030+》的規劃遠景及策略中，有兩項大型新發展，分別是兩個策略增長區——北部都會區及交椅洲人工島。凌嘉勤教授在文中講述了在這 25 年來，我們在策略規劃上與以往的不同，主要包括四個模式轉移，分別是由「回應需求」轉向「願景驅動」，由「房屋帶動」轉向「就業帶動」，由「被動保育」轉向「積極創造環境容量」，由「發展導向」轉向「宜居導向」。

發展策略中有三大要點：北都以「城市與鄉郊結合，發展與保育並存」為總體規劃原則，人工島則會提供大量發展土地，而維港都會區核心則會進行大規模市區重建。對於未來，**我們面對的挑戰和機遇，包括了在城市化下要顧及生態及社區文化的保育、舊區肌理和社會關係的保留，亦要建立「碳中和」的城市。**

香港國際濕地城市

陳輩樂博士的《在保育中發展》文中，洞見北部都會區的潛能，**香港可打造成國際濕地城市。**陳博士建議在北都倡議「南基圍，北魚塘」，修復廢棄的基圍養蝦業，將荒廢的淡水魚塘改造成沼澤，著力保留及管理海灣濕地保育區，種植紅樹林，打造「水獺生態走廊」，保留香港僅有的歐亞水獺；推廣智慧型的濕地管理，以生態友好及自然解決方案為開發原則。藉著米埔保護區、濕地保護區（WAC）、濕地保育區（WCP）建造海綿城市，以作防洪儲洪之用。新加坡與深圳在生態環境優化工程上有卓越的成就，而北部都會區正是香港我們在這方面一個重要的契機。

國家策略，生態文明

陸恭蕙教授現任香港科技大學環境研究所首席發展顧問，亦曾任香港政府「大灣區發展規劃綱要」的生態文明建設特別顧問。對於香港的未來發展，她的觀點是我們的城市發展應聯合更宏觀的國家及大灣區發展方針，順應國家發展方向的「生態文明」及「循環經濟」作為發展原則。

北部都會區和交椅洲人工島項目，都是香港龐大的未來建設計劃，**我們應該確保這些建設是朝向低碳、具有氣候抗禦力、能保全生物多樣性和生態系統功能的方向發展。**未來，全球海平面將會上升，香港的人口變化是交椅洲人工島項目要面對的議題。

城市規劃的新語言

《25 · 50》第二部分為城市規劃，城市規劃塑造著我們的未來，因此特別重要，不可輕視。第一部分的文章講述可持續發展的重要性，影響人類存亡。要達成此願景，沿用現有規劃模式可以嗎？規劃師們的願望，是設計出可為人帶來豐盛生活的城市環境。要達成此目標，需要方向性的轉移，從功能效益主導思維轉向：尊重歷史文化，促進公眾參與及公正的發展程序，構建宜居人性化、順應自然的城市環境，**任何規劃都要依循可持續發展原則，在城市中建立健全的社群。**

回顧《2030+》，當中有提升人性心靈和精神健康的元素，然而那些只是概念性的空間發展策略，重點是在未來 25 年，如何積極執行和深化這些規劃意念，**不付諸實行的規劃是無價值的。**在市區更新方面，最近的油旺區重建研究報告，仍然以財政考慮為主軸，更建議加高舊區密度。對於未來的舊區重建，我們需要範式的轉移。在城市規劃審批程序中，一個開放、包容及鼓勵市民共同參與的規劃是不可或缺的。

在這充滿對立的時代，我們更需要在城市規劃過程中表現對個人價值觀的尊重，促進彼此接納，鼓勵共同創新。目前我們的規劃程序是邁向更包容嗎？

生態及社區為本的規劃

另一篇文章，伍美琴教授以質疑「香港有否城市規劃」為題，實在是真切**希望香港能改變以「買賣為本」的城市規劃，轉向以「生態及社區」為本**。明日大嶼對海洋和自然生態有舉足輕重的影響，而北都則包含著深厚的歷史文化傳承及自然保育價值。規劃不只是一張城市發展藍圖，而是一個過程，一個每位使用空間的人也有權參與的過程，一個實現共同願景的集體行動。

城鄉共融

未來 25 年，隨著北都和南大嶼的改變，帶來對城鄉的衝擊，「城鄉共融」將會是我們重要的議題。鍾宏亮教授在《鄉郊保育》文中，回顧了香港過去對郊野公園的保護，包括米埔自然保護區、沙螺洞及塱原濕地等成就，2018 年政府更成立了鄉郊保育辦公室，統籌郊野公園以外的鄉郊環境保育及活化村落。因為有了鄉郊辦的積極參與，荔枝窩及西貢鹽田梓這些荒廢村落得以活化。城市化發展，例如北部都會區及交椅洲填海，會對原有的鄉郊環境帶來很大的影響，鍾教授展望我們不止於郊野保護或自然環境的監察，而是**在政策及規劃上鼓勵人口回流及生力軍加入，共創一個有內涵、可持續再生的鄉郊世界**。

香港的城市設計

除了基本的城市規劃，城市設計是另一重要環節，如何將規劃按照策略

大綱真正實現？城市設計包括著創新、美觀和實用元素。再美好的規劃願景，若無實行的機制和設計，都只是空談。鄧文彬教授指出，為了落實我們的願景，**政府應加入城市設計專業人才，協助落實執行，避免重複過去多年以工程主導和效率優先的思維。**

健康城市

疫情後，市民對居住環境與身心健康的關注有莫大的提升。城市及建築環境對人的健康有深遠的影響，梁文傑建築師是環保建築的專家，在此文中道出健康建築的要點。建築不再只是炫酷的外觀和高度的競爭，而是如何可助我們減碳。**未來的建築要以健康和人的福祉為先，場地佈局要讓都市更通風，吸納天然光和自然環境，讓社區更連結，**這才是真正的綠色建築，亦是我們未來重要的方向。

舊區重建是民生工程

城市是屬於市民的，是眾人合力建造的環境，讓每人能在此發揮所長。沒有人，城市亦沒有生命力。譚小瑩是資深的規劃師，在重建舊區方面有深厚的經驗。回顧 2001 年，政府成立了市區重建局。舊區重建不再只是金錢的補償，而是以市建局作為橋樑，減低受影響的住戶、商戶及社區在重建過程中的陣痛。市建局作為公營機構，不只是以地產項目的方式來規劃，而是一個民生工程，以較全面的角度衡量各地區的歷史和社會特色，與持份者保持互動，令整體社會得益。

2011 年的《市區重建策略》以「以人為先，地區為本，與民共議」為重建工作方針，可惜的是此政策已被終止。2021 年的油旺研究焦點，仍停留於如何大幅增加重建後的樓面面積，增加財務可行性。展望未來，規劃師提醒市區重建是為了改善舊區的生活環境，並配合香港的整

體規劃。在追求效率及經濟效益之前，要以人的福祉為先，而非一個擁有公權力的機構進行的地產項目。

還港於民的海濱公共空間

吳永順建築師多年來用心的努力，成就了城市海濱「還港於民」的願景，工作異常艱巨。2010 年成立的海濱事務委員會，實踐了將「73 公里的維港兩岸海濱連成連續的海濱長廊」，讓維港海濱成為市民可享用的公共空間。文中講述這些年「還港於民」由願景到一步步落實，以「先駁通，後優化」策略，提早把海濱開放。2019 年，政府更投放資源建設九個海濱重點項目。

委員會更以「期間限定」策略，加入了不少遊樂設施，大膽嘗試「無欄杆海堤設計」。目前，中環與灣仔等的不少海濱公共空間，都已成為了市民的遊樂熱點，未來的展望，是在 2028 年再完成 34 公里，以「因地制宜」的靈活設計策略，為城市增添共享精神，每處海濱有其特色，成為有變化的沿水公共空間。

歷史建築的保育

我們的城市，怎可能 50 年不變？光是建築保育，在這些年已變化很大。林中偉建築師為我們回顧了過去 25 年香港在建築保育走過的歷程，由不少有價值的歷史建築被拆，到天星及皇后碼頭、利東街等保育事件，直至私人承擔保育的亞洲協會、市建局的和昌大押。2008 年政府推出的活化歷史建築夥伴計劃，促成了多項成功的建築保育工程，如中環街市、中區警署、中區政府合署等。回歸以來，我們一直尋找香港的新定位，市民及政府在歷史建築保育方面的觀念逐漸改變。從皇都戲院的保育事件，看見香港對歷史研究的不足；主教山配水庫事件，反映市民對

保育的重視。林建築師建議，**未來我們要為每區建立文化地圖，將有歷史及文化價值的建築、遺跡、事件、文化景觀記錄下來，成立中央資料庫**。至於私人業權的建築保育方面，政府需要重新檢視，協助業主有更清晰的指引，亦需要避免將現行建築物條例，加諸比條例更早存在的歷史建築。

有街坊鄰里的城市

在未來 25 年，香港不少舊區如油麻地、旺角、深水埗、荃灣等，都會進行舊區重建。1970 年代前，香港不少市區都以街道為主，承載著豐富的街坊鄰里。1972 年的「十年建房計劃」大大改變了香港城市面貌，新市鎮及新的公共屋邨取代了舊日的街道和坊巷，街坊鄰里消失了。羅健中建築師以留人留屋的「藍屋」、土瓜灣的「土家故事館」及深水埗的「Wontonmeen」為例，表述鄰里社區的重要。鄰里社區提供了一個有韌性的城市生態系統，培養市民的歸屬感和身份認同，更鼓勵創意及協助，令城市更有變化和活力。展望未來的香港，羅建築師認為**關鍵是我們會否有選擇，以充滿變化的街區鄰里為基礎，設計一個多元共融、充滿活力、靈活應變的城市生態**。他認為這種創新精神正是香港最具生命力、最珍貴的資產，亦是我們設計未來新城市時的重要抉擇。

長者友善的城市

香港人口日趨老化，新發展及重建舊區時，如何建設長者友善的城市？在《五十新家》文中，胡令芳教授及高家揚建築師回顧政府的「居家安老」政策，房協嘗試「長者安居樂」住屋計劃， 2019 年中大賽馬會老年學研究所更成立「小松隊」，以跨界別的思考建構長者友善城市。醫療及健康對長者尤其重要，生活環境有助延緩甚至逆轉衰老的程度。人口老化為社會帶來沉重的壓力，未來城市的建築環境，更需要以「長幼

共融」為方向。專業的物業管理可以擔當連結的平台,更可轉型提供對長者友善的支援服務。而在城市規劃及設計上,長者的聲音應被重視,亦需要有他們的參與,不可讓任何一人掉隊。

建築具有影響人們的巨大力量,面對人口老化的趨勢,未來建築的力量正是來自回應人的需求。城市為人,長者安居,有身心健康的晚年,他們可以是社會的新資源,而非負擔。

想像未來的新一代

愛因斯坦曾說:「想像比知識更重要」,因為知識有限,而想像力無限。不可低估人類的想像力,它可創造超越現在的未來。想像未來的四篇文章,前兩篇包括了《活用設計創意解難 共建宜居城市》及《建築政策與建築設計比賽 為城市增值》。後兩篇文章分別留給我們的年輕建築師和規劃師們,他們所看見城市的美好是什麼?他們在元宇宙及人工智能的趨勢中,所想像的未來城市又是什麼?

以設計改變世界

嚴志明是香港設計中心主席,多年來推動香港設計文化,培育及支持香港設計人才。設計思維的精神在於人文觸覺、同理心、勇於嘗試、不怕失敗。實在,香港過去經歷了不少起跌、衝擊、艱難的時候,現在亦面對著不少挑戰。文中**展望香港能結合官商民的協作,透過人本創意設計,在房屋、交通、環保等議題上,善用設計和創意,建造更宜居的社區。**

建築政策及建築設計文化

香港從未有建築政策，建築比賽亦未成氣候，在普遍香港人的觀念中，建築物就是建築。但建築不只是建築物，而可以包括所有非建築的元素。世界上不少國家都有自己的建築政策，重視建築為人、城市和環境帶來的影響，將建築視為邁向可延續未來的重要工具，以此建構更美好的生活環境，提升人民以創意解決困難的精神，是國家經濟的來源之一，是人與人連繫的空間，是美學文化的表現。

建築政策對城市建造及面貌有方向性的指引，而建築設計比賽則是提升城市面貌的重要方法。香港過去有不少成功的實例，例如由比賽選出的 M+ 藝術館設計。然而，以收費競爭來選拔建築師而非設計本身，會削弱城市的設計質素。建築師學會在過去多年，積極鼓勵以設計比賽挑選建築師，並藉此給年輕世代一個發揮的平台。希望在未來，政府能明白建築設計比賽的重要性，給予帶領及支持。

流行文化，看見城市的美好

觀微知著，從小而觀大。敏銳的觀察力應該是建築師的所長，從觀察生活中的細節，成為我們設計的起點。想像不到的是，這些年輕一代的建築師選擇了閱讀本土流行文化，從歌手、樂隊、YouTube 頻道中，欣賞我們城市的美好：那流浮山的日落、從不同角度看的天水圍；從男女主角邂逅的觀塘，看見自己城市的美。因為看見這些美，所以珍惜，所以有期盼，這些年輕一代希望香港成為「無人被嫌棄，無人被人欺」的地方。在香港飽受衝擊後，**他們在懷疑人生的時候，選擇傾聽城市的脈搏，想想自己在這裡仍可以做些什麼。**

人工智能帶來城市的改變

人工智能科技逐漸成形，對生活模式帶來巨大的改變。年輕一代的規劃師，相信高科技的應用將會改變現時側重二維數據的城市規劃，元宇宙將對城市運作和發展帶來新的可能性。它帶來新的虛擬空間，取替了傳統的辦公室，商業與住宅的分界亦變得模糊；生活及工作形式的改變，亦會帶出不同的城市規劃。

展望未來，是透過元宇宙模擬技術，推動更有效的城市管治及公共服務，加強公眾諮詢、社會規劃及公眾參與的可能性。**元宇宙的「去中心化」會徹底改變城市人對空間的要求，挑戰傳統城市規劃在土地用途及空間佈局上的思維。**我們正處於此巨變之中，城市規劃更可善用這些新科技，建構一個有希望的未來。

《25．50》

1997 年回歸至今 25 年，香港城市在環保、建築保育、生態保育、文化歷史保育、城市規劃程序、城鄉共存、建築及城市設計、公共及私人房屋、舊區重建、海濱公共空間發展、長者友善城市、城市的本土特色、街坊鄰里、健康城市及建築方面，不無成就，但確實仍有很多進步空間。智慧來自不斷學習和改善的能力，來自我們對當下處境的洞察，能定下正確方向的清明，及排除萬難、真正實踐的勇氣。

甜甜圈經濟的觀點和聯合國 17 個可持續發展目標，同樣是為了有一個可持續的未來。本書分享的 21 篇文章，都有著一個共通點：無論是城市新發展或舊區重建，都同時提出我們要跳出傳統經濟思維的枷鎖，規劃和建築是為了人和生態的福祉，減緩氣候暖化的速度，重視生態及歷史保育，建構鄰里社區，利用新科技，以創新思維與民共議，再創未來

25 年。

到了 25 年後的 2047 年，我們已一起攀越世紀之峰。再回頭望，我們為下一個世代留下了這美好的城市，那時，我們會是何等的驕傲。

在此，特別要向 28 位作者們：吳恩融教授、陸恭蕙教授、凌嘉勤教授、陳輩樂博士、規劃師盧惠明、周日昌、伍德華、譚小瑩、伍美琴教授、鄧文彬教授、鍾宏亮教授、韓曼博士、建築師蔡宏興、梁文傑、陳皓忠、吳永順、林中偉、羅健中、高家揚、胡令芳教授、嚴志明教授、年輕建築師蕭鈞揚、張凱科、郭永禧、年輕規劃師簡思諾、顧耀宗、何雅心、胡朗志，送上衷心的感謝。感謝你們對《25．50》的信任、你們的耐性、你們對這城市的關心。還要感謝香港三聯的寧礎鋒先生、李毓琪小姐的耐心和專業的支持，鍾宏亮教授在編輯上的校對和審閱，及張凌甄小姐在聯絡及修改上的協助。

沒有你們的支持，《25．50》亦不能成事。城市是屬於市民的，讓此書作為一顆小石子帶出漣漪，引發更多不同人士，為香港再前行送上寶貴的意見。

2023 年於香港

可持續未來

每個世代都面對著不同的挑戰，我們的世代，面對的是人類可否有延續的未來。近百年來，全球因人口、生產及消費大量上升，帶來極大的碳排放，地球溫度及海水平面上升。我們在規劃及設計未來城市時，需要作出應變。往日只以經濟利益為主的城市發展，已不再合時宜。若環境繼續被人類的發展破壞下去，即使是玻璃幕牆大廈高聳入雲的大都會，亦可能有消失的一天。

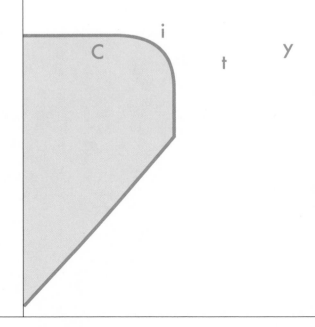

City

PART 1

香港在未來的 25 年，應如何規劃我們的舊區重建、北部大都會及交椅洲人工島填海？現今不少城市的規劃，在氣候改變的大挑戰下，已將與環境共存為先。地球溫度的上升無法逆轉，我們要設計有抗逆力的新城市。未來，我們有一個重要契機，可能打造邁向淨零的北都國際濕地城市，保育歷史文化和生態，為香港創造人類與生物皆可宜居的環境，兼備生態及歷史文化旅遊的潛力。

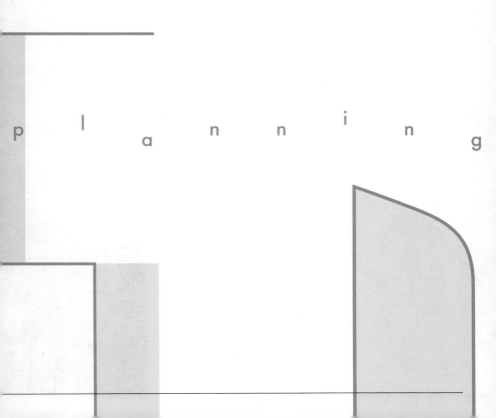

planning

01

五十年真的不變？

全球在碳排放的目標和解決氣候變化的議
題上原地踏步，怎不叫人擔心我們的下一
代會活在怎樣的地球上？

吳恩融
香港中文大學姚連生建築學教授

過去的一個承諾，兩種可能的未來

1997 年是不可以被香港人和地球上每一個人遺忘的一年，因為在這一年有一系列的協定和承諾被制定和簽署。

其中最重要的承諾是聯合國氣候變化框架公約締約方通過了《京都議定書》。在 1997 年 12 月於日本京都府簽署的《京都議定書》是第一個溫室氣體減排條約，而且具有法律約束力。如果簽署國都遵守該議定書並達到減排目標，今日的世界已差不多可實現碳中和，無須擔憂未來的氣候變化，今日的氣候亂象也不會發生。可惜的是，《京都議定書》減排目標的承諾不但並無兌現，反而是今日全球碳排放已超越 1997 年排放量一倍之多。環看四周，失控的氣候變化已經衍生出很大的環境問題，並直接影響人類的生存。

因為《京都議定書》的承諾未能兌現，在 2015 年，各國領袖齊集巴黎，簽署並通過《巴黎協定》，再次承諾：在世紀末前將全球平均升溫幅度控制在工業化前水準的攝氏 2 度之內，最好是 1.5 度。如果要把平均升溫幅度控制在攝氏 1.5 度的話，政府間氣候變化專門委員會的科學家們說，全球必須在未來 25 年內達到零碳排放。

根據《巴黎協定》，各國每五年制定「國家自訂貢獻」，訂立減排或限排目標和時間表。中國的決定是，溫室氣體排放量在 2030 年達到峰值，爭取在 2060 年前實現碳中和。香港也緊隨中央政府的腳步，於 2021 年公佈的《香港氣候行動藍圖 2050》中承諾於 2050 年實現碳中和的目標。

回望過去，叫人灰心的是，從 1997 走到 2022 年，這 25 年全球溫室氣體排放量由每年 200 億公噸變成了每年 400 億公噸，可是距離在 1997 年承諾的「世紀中零碳排放」的目標卻只剩下一半時間。總體來說，我們在碳排放的目標和解決氣候變化的議題上原地踏步，止步不前，沒有進步，沒有解決問題。過去 25 年那微不足道的改革，國與國之間互相推卸責任的表現，只重視經濟發展賺大錢的心態，不願意細聽大自然警號的行為，和愛理不理的所謂承諾，怎不叫人擔心我們的下一代會活在怎樣的地球上？

距離世紀中的淨零碳排放只剩 25 年，現在迫切需要思考的是，未來的減排之路該怎麼走？怎麼去應對氣候變化帶來的極端災害，讓普羅大眾受到保障，生活得更好、更安定、更舒適、更健康？

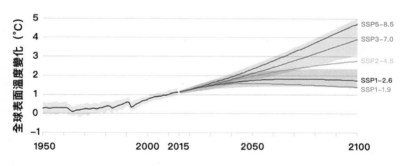

全球表面溫度相對於 1850-1900 年平均的變化。黑線為歷史模擬（多模式的逐年平均），彩色線為不同排放情景下的推算（多模式的 20 年平均），彩色陰影顯示 SSP1-2.6 和 SSP3-7.0 情景的很可能範圍。SSP 即 Shared Socioeconomic Pathways（共享社會經濟途徑），數值至低至高，推算全球碳排放由減輕至如舊，各種情境帶來的氣溫上升。（圖片來源：IPCC, 2021: Summary for Policymakers. In: Climate Change 2021: The Physical Science Basis. Contribution of Working Group I to the Sixth Assessment Report of the Intergovernmental Panel on Climate Change. Cambridge University Press. In Press.）

過去 25 年的探索

2015 年，特區政府發表首個有關氣候變化的官方文件《香港氣候變化報告》，概括政府及私營機構在應對氣候變化的工作。同年，政府亦發表《香港都市節能藍圖 2015-2025》，回顧政府就節約能源及綠色建築所作出的努力，尤其考慮到發電為本港最大碳排放源，而當中達 90% 為建築物發電。

其後，政府於 2017 及 2021 年先後公佈一系列環保及氣候相關的文件包括《香港氣候行動藍圖 2030+》、《4T 合作夥伴—加強現有建築物節能》、《香港資源循環藍圖 2035》、《香港清新空氣藍圖 2035》、《香港氣候行動藍圖 2050》。

針對減碳目標，政府不但在近十年撥款超過 470 億推行減碳措施，亦多管齊下，推動各方面的減排工作，例如：減少燃煤發電，將煤的比例減少至發電燃料組合的四分一；節能綠建方面，2020 年的用電量則較 2015 年節省 5%，期望繼續推動樓宇節電，往後能減少 20-30%；減廢和轉廢為能，推動多項措施鼓勵全民減廢、乾淨回收，並期望發展新的轉廢為能設施來逐步取代堆填區，希望在 2050 年達致「零廢堆填」及碳中和目標。

政府自《巴黎協定》起作出了不少努力，循序漸進，逐步實現訂下的環保及減碳目標。香港的溫室氣體排放量，在 1997 年是 34,500 千公噸二氧化碳當量，到了 2020 年減少至 33,800 千公噸二氧化碳當量。

| 可持續未來 |

在過去的 25 年，全球都經歷氣候變化的同時，香港城市仍然繼續發展，高樓林立，居住環境日趨擠逼。研究顯示，地球氣候變化升溫 2 度，城市氣溫可以再加 3 度。由於位於亞熱帶氣候地區，香港的夏天異常濕熱，如果不通風，就更加悶熱翳焗。新鮮空氣和自然採光不足，會令細菌滋生，直接影響市民健康。

香港針對其高密度亞熱帶城市環境開展了一系列科學研究，就適應城市氣候變化和城市環境設計作出貢獻。最典型且歷歷在目的例子是 2003 年的非典型肺炎。當時政府和專家相信，疾病經排污管道傳播，而且樓宇間的通風系統的設計亦有傳播病毒的可能性。疫情為香港的城市環境與公共衛生、市民健康的關係響起警號，促使香港特區政府重新檢視建築物的設計，特別是排水渠及通風系統。

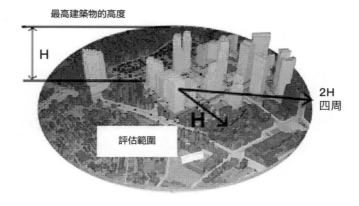

空氣流通評估的項目評估範圍（圖片來源：規劃署空氣流通評估方法可行性研究，結果摘要，2005 年。）

政府更委託顧問進行「空氣流通評估可行性研究」，將研究建議納入《香港規劃標準與準則—第 11 章：城市設計指引》。前房屋及規劃地政局和環境運輸及工務局更聯合發佈技術通告第 1/06 號《香港發展項目進行空氣流通評估方法技術指南》，要求以後所有符合該通告所列條件的政府項目，必須進行空氣流通評估，以免新的大型項目對行人層的風環境造成負面影響。

2011 年，屋宇署根據有關優化都市生活環境的顧問研究結果，訂立了建築設計指引《認可人士、註冊結構工程師及註冊岩土工程師作業備考 APP152——可持續建築設計指引》（下文簡稱「可持續建築設計指引」），並於 2016 年公佈了修訂版。該指引針對新建樓宇，確立三項重要的建築設計元素的規定：樓宇間距、樓宇向後退入和綠化覆蓋率。首兩項要求的最終目標是增加街道或建築物之間的通風範圍及可能性，從而改善空氣流通，吹散熱氣。而增加綠化覆蓋率則可以改善微氣候，降低環境溫度，紓緩熱島效應。

發展局考慮到市場轉化需時，並為鼓勵建築業界遵從有關措施，在 2011 年實施可持續建築設計指引時，將豁免樓宇總面積 10% 作為獎勵機制推行。即是在呈交建築圖則的階段，如果有遵從 APP152 的建議措施來設計，就會有利於發展商獲得該項目的總樓面面積寬免，而無須按原本機制，同時需要香港綠色建築議會的環保建築臨時評級。有關評級可以延後至上蓋結構工程的申請才提交。

其後，政府亦有開展「空氣流通評估可行性研究」所提出的一些後續研究，「都市氣候圖及風環境評估標準」是其中之一。製作都市氣候

| 可持續未來 |

圖的目的是通過科學研究，界定並識別出全香港有氣候問題或氣候敏感而需要特別小心規劃的區域，從而輔助規劃決策。研究從「熱能」和「通風」兩個方面來綜合分析城市氣候環境：

「熱能」：儲蓄或減少熱能

建築物體積：城市建築物所用的人工物料會儲熱，體積愈大儲熱愈多，晚上愈難散熱。

地形：海拔高的地方，氣溫較低。香港山多而平地少，所以氣溫較低的範圍比較多，可說是減少熱能的因素。

綠化空間：綠化設施可以降低周邊地區的溫度，亦可提供遮蔭。

「通風」：阻礙或增加空氣流動

地面覆蓋率：建築物的佔地覆蓋率沒有限制，例如一字排開的平台，其實像屏風樓一樣阻礙通風，而且更加影響行人的熱舒適度。

自然植被：自然植被有助帶動冷空氣的流動。

與空曠區域的距離：鄰近海邊、空地及有植被的斜坡，都會增加空氣流通。

綜合上述元素，加上海風、夏季盛行風等風環境資料，就編製成香

香港都市氣候規劃建議圖

(100米×100米解析度)(基於二零零九年建築物資料)

C1 該區域屬都市氣候，盛行西南風
C2 該區域屬內部都市氣候，弱風環境
C3 該區域屬都市氣候，盛行東南風
C4 該區域的下行山風對香港空氣流通有重要作用
D 該區域屬都市氣候，多樣空氣流通模式
V 該區域植被佔多為主
SE 該區域的風向主要為東至南方向
E 該區域的風向主要向自東北至東南方向
S 該區域的風向主要來自東南至西南方向

主要盛行風向
(該區域於夏季盛行的風向)

整向的管道風

海風

市集的下行空氣流通

都市氣候規劃分區1
都市氣候規劃分區2
都市氣候規劃分區3
都市氣候規劃分區4
都市氣候規劃分區5

香港都市氣候規劃建議圖以策略性規劃及地區層面為基礎，請者不應把網格視為固閉邊界，而應關注都市氣候特性如52的區域。
都市氣候及風環境評估標準－可行性研究
香港特別行政區政府 規劃署(2012)
版權所有、轉載時須經政府規劃署資料來源

附有建築物佔多的都市氣候規劃建議圖索摘
(香港東北部海灣及九龍半島東部)

0 2.5 5 10 KM

0 0.5 (KM)(公里)

香港都市氣候規劃建議圖（圖片來源：規劃署都市氣候圖及風環境評估標準可行性研究，行政摘要，2012 年。）

港都市氣候規劃建議圖。簡單而言，就是整合出全香港「熱不熱」、「有無風」的資訊。愈熱又無風的地區最差，這些重災區包括上環、中環、灣仔、銅鑼灣、油尖旺、觀塘等等。在這些地區，應避免增加「政府、機構或社區設施」的密度，任何新的規劃或發展應順應風道，減低地面覆蓋率和增加綠化。《香港 2030+：跨越 2030 年的規劃遠景與策略》中提到，將考慮都市氣候圖研究的指引，改造發展稠密的市區，亦會進一步把都市氣候及空氣流通的考慮因素納入新發展區的規劃及設計中。

| 可持續未來 |

過去 25 年，尤其是 2003 年非典型肺炎後，政府和市民對於城市居住環境高度關注，使研究結果直接輔助政府決策，且快速應用於實際城市規劃與大型建築設計項目之中。其中值得一提的是：1）啟德規劃項目順應盛行風向佈置街道，分散建築項目發展，控制建築佔地率和提升綠化率；2）香港政府總部大樓的鏤空設計使海風得以滲透港島區內部的密集區域；3）觀塘裕民坊的重建項目，分散排列樓宇，串聯三維室外綠化空間，改善地盤的微氣候環境；4）中環街市的重建項目保留空氣通風廊道，紓緩城市熱島，有助擴散空氣污染物。

誠然，以上種種，對於本地城市氣候的研究和應用還只是開始，改善城市環境之路任重道遠。套用內地常用的話來說，就是「革命尚未成功，同志還需努力」。

未來 25 年，路在何方？

因為氣候變化和城市化的緣故，天文台紀錄顯示過去十年的每年平均酷熱天氣日數約 34 天，熱夜約 36 天。根據未來的天氣數據估算，在最嚴重的溫室氣體排放情況下，世紀末的酷熱天氣日數約 126 天，熱夜達 136 天，即是由 5 月至 9 月幾乎每天都是酷熱天氣。預計香港的極端高溫天氣在未來只會愈來愈多，持續時間更長、最高溫度更高及愈來愈頻繁的趨勢已成必然。城市環境的室外和室內熱舒適度將會變得愈來愈重要，甚至生死攸關。

根據科學研究，以下建築設計方法有助改善室內居住環境，達至舒適：1）客飯廳及主睡房避免向東或向西，避免早上或黃昏的熱力直

曬入屋。2）如果有落地大玻璃窗，窗外應有適當的遮陽裝置。雖然落地大玻璃窗的採光更佳，景觀開揚，但玻璃傳熱，陽光和熱力都會穿透玻璃，曬熱室內環境。3）室外或牆外增設遮陽裝置，其實比室內裝窗簾更有效阻隔熱能入屋，例如在連接露台的玻璃門外加裝竹簾。4）酷熱天氣下需要加強廚房通風。客飯廳最好有對流窗，對角線或對面各有一扇，或呈「L」狀。5）全屋中可開啟的窗戶愈多愈好，但必須同時兼顧遮陽。6）客廳如裝有氣窗，熱空氣會上升，打開氣窗有利於將熱氣排出屋外。7）如果樓底較高，客飯廳可安裝吊扇，會比其他風扇更能促進空氣流動。設計目標是要讓市民「有得住」而且「住得好」。

近期本地研究利用香港各區夏季日間和晚間的累積高溫時數，綜合其他人口及社會經濟特徵例如長者、低收入家庭、教育程度較低、獨居等，制定香港的日間和夜間酷熱風險圖，呈現社區極端高溫天氣的健康風險和趨勢。2006 至 2016 年，日間最高風險的是深水埗、油麻地、旺角、彩虹，灣仔和沙田則需特別留意。熱夜的最高風險地區有深水埗、油麻地、旺角、彩虹、黃大仙、土瓜灣、灣仔、中西區。大埔、荃灣、沙田、屯門和天水圍屬於持續風險較高的地區。此酷熱風險圖的研究成果能夠協助政府及社福機構，就酷熱天氣制定地區性的支援及應變措施。

現時，當酷熱天氣警告生效時，政府會開放全港 19 間夜間臨時避暑中心，供有需要人士在晚上 10 時半至翌日早上 8 時入住。但基層市民未必會選擇前往夜間避暑中心，甚至認為不切合他們的實際需要：其一，他們不清楚中心位置；其二，位置偏遠，不便年紀老邁或行動

不便者前往；其三，中心的環境或衛生不佳或有安全隱患，無家者可能會擔心家當失竊。比較酷熱風險圖的高風險地區和全港 19 間夜間臨時避暑中心的分佈點，可見現時的夜間支援設施，從分佈地點、範圍和數目上都絕對不足以應付未來需要。因此政府需要考慮在熱夜風險較高而長者、低收入人士和無家者較多的地區，多增設夜間避暑中心，例如深水埗、油麻地、土瓜灣等，亦要改善中心的設備、環境和管理，選址便利，令有需要人士願意前往使用，才能幫助市民應對酷熱天氣。

雖然市民日間可以進入商場及其他公共設施「歎冷氣」避暑，但改良及優化公園和公共空間的設計，提供降溫設施亦相當重要。當戶外的公共地方能夠乘涼，為市民提供多個選擇，讓他們在酷熱天氣下仍可在戶外運動或享受綠化環境，對保持心理健康有正面作用。同時，政府或非牟利機構可以在人流較多的社區空間增加「酷涼地點」或「城市綠洲」，設置戶外噴泉、嬉水區、噴霧等設施，既可以讓市民立即濕身降溫，又有助降低周邊的環境溫度。

未來 25 年還有一個急需關注的社會議題，香港已經步入老齡化社會，到 2047 年將有超過三分之一的人口是老年人。面對酷熱天氣的健康風險，首當其衝受到影響的是長者，因為身體機能衰退，如排汗較差和對氣溫改變的感知較為遲緩，加上多數有長期病患，健康風險更高。根據中大近期一項有關酷熱天氣與長者健康的研究指出，在香港，熱夜比日間酷熱的殺傷力更大，連續 5 日以上的熱夜會令死亡風險增加約 6%。因為太熱令睡眠變差，無法休息就會導致身體機能出現問題而誘發疾病。因此政府需要提升城市居住環境，特別是室外

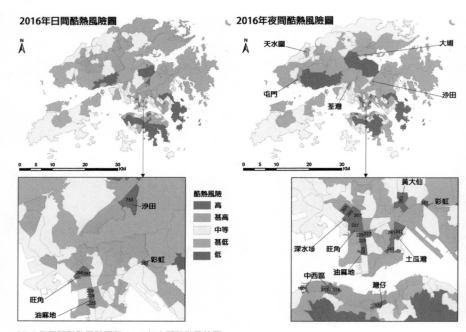

2016 年日間酷熱風險圖和 2016 年夜間酷熱風險圖

環境，改善老年人的設施和醫療福利，讓他們在酷熱天氣下依然可以到室外乘涼下棋、做運動、見老友，真正做到「老有所依，老有所養，老有所為，老有所安」。

一個希望，兩個願景

很明顯，自然環境定律告訴我們，「五十年不變」是不可能的。整天只抱著「不變」的心態來面對不斷在改變的未來環境，也是不理智和自欺欺人的。寫作本文，我希望讀者可以感受到問題的迫切性和嚴重性，不要再以「馬照跑，舞照跳」的心態去走下一個 25 年。文章結尾。我有兩個願景：

碳中和的願景：需要結合世界、國家、區域的政策目標和大方向，令香港作出應有的貢獻。另一方面，在市民個人層面，需要實踐低碳的生活方式。只有在結合「自下而上」和「由上而下」的兩個模式和框架，才可以實現碳中和的目標。

城市居住環境的願景：對於城市發展和規劃，之前的成功設計經驗也未必適用於未來的情況。各方面的持份者都需要摒棄「不變」的思維，與時俱進，利用科學深切自省，大膽創新。千萬不要為解決今日的問題，而製造明日的問題。

02

新時代北部都會區及交椅洲的規劃及設計

在這個人人都關注氣候變化、可持續發展,以及人口結構變化的時代中,香港在規劃、設計和落實北部都會區和交椅洲項目的建設上應注意什麼呢?

陸恭蕙教授

香港科技大學環境研究所首席發展顧問

攝影：劉惠寧博士

過去數十年，大型基建項目相繼推出，令香港體現了從一個時代到另一個時代的轉變。而近來令人關注的兩大項目，必然是與深圳接壤的北部都會區和位於大嶼山東部的交椅洲人工島計劃，這兩個項目仍在計劃和設計階段，但所引發的激烈討論，相信會在這個瞬息萬變的城市中留下重要的印記。

過去，新界的發展改變了香港的面貌。新市鎮項目可以分為三個時期：最早期包括 1970 年代初期的沙田、荃灣及屯門；然後是 1970 年代後期的大埔、粉嶺／上水和元朗；最後是 1980 至 90 年代的將軍澳、天水圍和東涌。沙田現已擁有 65 萬人口，而較新的將軍澳則擁有 42 萬。這些新市鎮項目均耗費多年時間，才完成基礎設施、住屋、社區設施和交通網絡的建設。

那麼，在這個人人都關注氣候變化、可持續發展，以及人口結構變化的時代中，香港在規劃、設計和落實北部都會區和交椅洲項目的建設上應注意什麼呢？

國家及地方發展方針

總體而言，香港可以考慮配合國家的發展框架，和參考與氣候政策相關的表述方式。或許有人覺得，香港在「一國兩制」的原則下可以制訂自己的地方政策路線，無須考慮國家政策。然而，這裡原因有三：第一，國家的政策框架已經歷深思熟慮的過程，對於香港有莫大的參考價值；第二，香港特區面積較小，接壤遼闊的廣東省，而廣東省則遵循國家的規劃和政策；第三，與國家政策保持一致有助於跨境合作，

| 可持續未來 |

提高效率和成效，而又不損害香港制訂本地項目的自主性。

2012 年，中國修改憲法，納入「生態文明」概念，自此中國的發展思路明顯向環保轉型。中央政府更隨後於 2018 年修改國家憲法，實踐「生態文明」此國家發展的指導理念。香港慣用的「可持續發展」是聯合國的常用詞，雖然內地亦用此詞，但假如香港同樣以「生態文明」作為發展原則，把生態可持續性融入各項政策和項目之中，這做法既無不妥，效果甚至更佳。

2020 年，中國更進一步承諾，以在 2030 年前達到碳峰值，並在 2060 年前實現碳中和為目標。儘管香港已在 2014 年達到碳峰值，

《香港氣候行動藍圖 2050》

但香港從內地進口核電，要在 2050 年前達致碳中和，需要做的還有很多。當中，成功的關鍵主要視乎能夠從內地購入多少清潔能源。因此，香港必須與內地緊密合作，增加非化石燃料的進口量以作發電之用；而另一邊廂，亦要取決於內地脫碳的進程。從內地進口清潔電力是香港《氣候行動藍圖 2050》的核心重點，根據規劃，香港可跨境投資清潔能源，這意味著香港必須以更開放的態度來審視內地的脫碳工作。

2021 年，內地發表了中國「1+N」指南。「1」代表所有即將出台政策的總體高層戰略框架及方針，旨在讓中國走上實現其氣候目標的道路。「N」代表一系列行動計劃，為能源、其他關鍵工業行業、氣候行動的其他關鍵政策領域（如循環經濟、碳貿易和碳匯），以及建設／建築和交通等特定行業訂立目標。其他範疇包括為科技、統計核算、檢測及評估，以及金融和定價政策提供支援。儘管香港未必會採用「1+N」框架，但在實施大灣區發展計劃期間，香港亦必須為其《氣候行動藍圖 2050》訂立各項細節，包括電力、交通、建設、建築和廢物處理行業的轉型方式等，以便於 2050 年前（即大灣區發展計劃將落實之時）實現其碳中和目標。

大灣區願景

國家規劃將香港視為其鄰近地區的其中一部分，大灣區的概念因此與香港的本地項目息息相關。廣東省必須遵循國家的發展方針和方向，有見及此，生態文明和應對氣候變化的國家方針應在整個大灣區得到體現。由於所有鄰近城市必定會作一定程度的聯合規劃，故香港在規

| 可持續未來 |

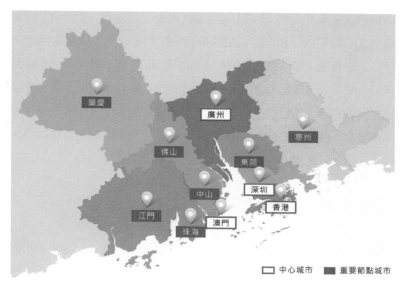

劃、設計和建設本地項目時，應採用類似內地的政策和闡述方式，提升與內地同類城市合作的效率。由於北部都會區毗鄰深圳，這點顯得尤為重要。

大灣區的規劃願景是打造一個在技術、生產和金融各方面都是世界級的都會區，能媲美如加州的矽谷、三藩市灣和日本的東京、橫濱等地。事實上，粵港澳大灣區的特別之處在於它是中國最重要的製造業和出口重鎮之一，因為廣東的經濟總量比許多國家都要龐大。

中國是全球最大的製造業經濟體，佔全球製造業總產值 29% [2]，其目

標是透過採用「環保」、「低碳」和「智能」的生產方式保持全球競爭力。要取得環保和低碳成果，相關地區不僅要為工業提供清潔能源，還要實施「循環經濟」。實施「循環經濟」是另一項重大的國家政策，要求先盡量重用物料，而非報廢物件，從中提取新資源。有鑑於歐盟的碳邊境調整機制將在 2026 年全面實施，並會逐步對高碳產品徵收進口稅[3]，實施「循環經濟」政策，認真考慮如何妥善重用和回收物料是必要的。

北部都會區與再工業化

香港亦具備促進「再工業化」和輔助大灣區發展而籌集資金的重要角色，而技術提升則是促進城市競爭力的重要一環。香港的再工業化概念建基於工業 4.0 的「智能」技術（如大數據和人工智能），聚焦於發展高端而無須依賴大量土地或人手的製造業模式[4]，稱為「創新製造」[5]。

北部都會區佔香港土地面積 25%（約 300 平方公里），有足夠能力透過再工業化重塑香港的經濟軌跡。預計政府將為此撥地約 240 公頃，包括落馬洲河套地區的港深創新及科技園規劃用地 90 公頃，以及落馬洲／新田周邊地區（將整合成新田科技城）。北部都會區規劃預計將創造 60 萬個就業職位，其中四分之一為技術相關工作。以上構想在 2021 年開始形成，當時香港和深圳政府同意在此跨境區域開展合作，實現協同和集聚效應[6]。

儘管政府未有如此表述，但北部都會區將成為一個新的核心商業區。

| 可持續未來 |

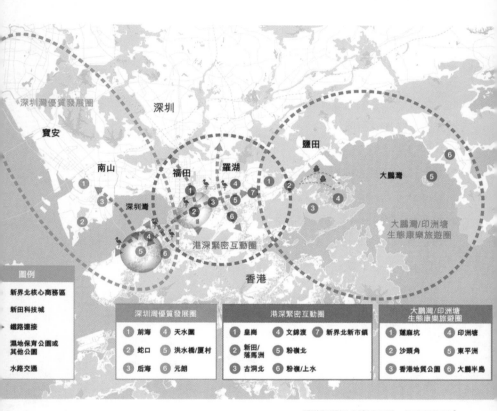

深圳灣優質發展圈 　深圳

寶安

南山 福田 羅湖 鹽田 大鵬灣

深圳灣

港深緊密互動圈

大鵬灣/印洲塘
生態康樂旅遊圈

香港

圖例

新界北核心商務區

新田科技城

鐵路連接

濕地保育公園或
其他公園

水路交通

深圳灣優質發展圈		
① 前海	④ 天水圍	
② 蛇口	⑤ 洪水橋/廈村	
③ 后海	⑥ 元朗	

港深緊密互動圈		
① 皇崗	④ 文錦渡	⑦ 新界北新市鎮
② 新田/落馬洲	⑤ 粉嶺北	
③ 古洞北	⑥ 粉嶺/上水	

大鵬灣/印洲塘 生態康樂旅遊圈		
① 蓮麻坑	④ 印洲塘	
② 沙頭角	⑤ 東平洲	
③ 香港地質公園	⑥ 大鵬半島	

香港和深圳「雙城三圈」的空間佈局

該區土地價格較低，可容納技術型企業，協助企業在香港發展新型經濟活動，超越轉口物流、商業、旅遊和金融等傳統服務。儘管傳統經濟活動仍然非常重要，但大灣區的願景中包括注入創新和技術，以更先進的技術為更大的區域經濟提供服務。

北部都會區設計

在減緩和適應氣候變化方面，北部都會區是連接大灣區的關鍵點。為此，其設計、規劃和實施均應體現氣候友善、抗禦力強、技術成熟及經濟競爭力強的願景。

事實上，北部都會區並非全新的概念，而是香港政府和內地規劃官員經過多年思考而逐步形成的構想。現時計劃包括最初在 2016 年香港政府發表的《香港 2030+》中設想的「北部經濟帶」概念、2019 年國家政府發表的《大灣區發展規劃綱要》，以及 2021 年國家「十四五」規劃的重點主題[8]。

北部都會區亦包括大型的住屋計劃，透過整合元朗、粉嶺及上水等成熟的新市鎮，以及邊境附近其他區域的項目，預計可提供約 90 萬個住宅（可容納 250 萬人）。住屋亦應具備低碳元素，以提高住戶的生活質素和福祉。

相關規劃還會帶來改善生態環境的良機。北部都會區是濕地和魚塘的所在地，包括米埔及后海灣拉姆薩爾濕地（具國際地位的濕地系統）。政府劃出了三個濕地保護區，分別位於南生圍（400 公頃）、三寶樹

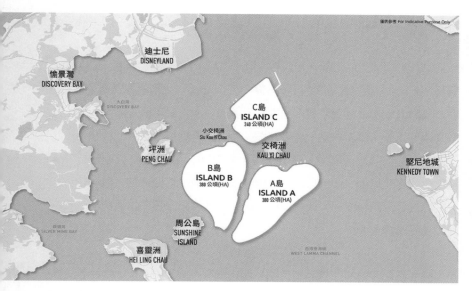

交椅洲人工島 [9]

（520 公頃）和蠔殼圍（300 公頃），預計將興建一個佔地 1,220 公頃的保育公園。為建立一個全面的濕地和海岸保護系統，政府已承諾復修目前由私人擁有的約 700 公頃私人濕地／魚塘，以便有效和妥善地管理北部都會區的生態系統 [10]。

香港政府在 2021 年 10 月發表的《施政報告》中提出了發展北部都會區的概念性規劃，普遍獲得了大眾的支持，因為公眾理解到北部都會區融合大灣區發展，均有助兩地發展的效果和利益 [11]。預計政府將在 2023 年內公佈更詳細的計劃。

交椅洲人工島設計

而於 2018 年提出的交椅洲人工島項目，原稱「明日大嶼願景」，目標面積 1,000 公頃，需要在坪洲周邊興建三座島嶼，大規模填海造地，並以構建碳中和社區為目標[12]。規劃目標是在中九龍和東九龍兩個核心商業區以外再建設一個核心商業區，透過交通網絡連接香港島和新界西部，亦可伸延至內地，提供可容納約 50 萬人的住屋，打造智能及環保的生活環境，預計項目內會匯聚多項具前瞻性的特點。政府認為，透過創造新土地，可規劃和設計許多可持續和優質的生活功能，並創造就業機會。

有別於北部都會區，交椅洲項目從一開始就存在爭議[13]，反對的主要原因是以高價填海造地，破壞環境，特別是當時北部都會區計劃已經包括大面積開發棕地，以提供更多土地用於住屋和經濟活動。政府其後就交椅洲項目發表了一份公眾諮詢文件[14]，2023 年 4 月 27 日公佈諮詢結果，在 7,800 個回應之中，60% 表示支持，25% 反對，其餘沒有提供明確回應[15]。環保團體對政府的調查結果感到不滿，因為該結果與他們在 2023 年 4 月發起的調查相比大相逕庭，後者顯示只有少量公眾對項目表示支持[16]。預計政府將在 2023 年底展開環境影響評估，並在 2024 年進行詳細設計和土地勘測，為 2025 年開展的填海工程作準備。

大灣區的低碳和生物多樣性

在脫碳方面，大灣區整體或香港和深圳是否有可能在 2050 年前實現

碳中和？香港已承諾在 2050 前實現碳中和，倘若大灣區能夠於國家設定的 2060 年前提前達標，則大灣區將成為全國先驅，為國家的努力作出巨大貢獻，而這將需要大灣區當局為其工業發展和住屋計劃制訂低碳的設計和實施方案。

由於在未來，極端天氣將會引發更高風險，除了減緩氣候變化之外，氣候適應亦非常重要。大灣區位於珠江三角洲，是風暴、豪雨、洪水、山泥傾瀉和酷熱頻發的高危地區。大灣區當局務必為跨境氣候適應基礎設施制訂共同標準（例如海平面上升幅度），以降低極端天氣的風險，提高該區的氣候抗禦力。

北部都會區與深圳的交界地帶兩邊都是濕地、海岸線和紅樹林，如香港的米埔濕地和深圳的福田。日後甚至可考慮將這些寶貴的濕地地帶列為大灣區自然保護區，以突顯它們的重要性。另外，香港將會在毗鄰深圳的紅花嶺設立一個新的郊野公園，並在邊界建立生態走廊，保護野生動物。雙方當局應互相協調，一同為這些珍貴的生態系統進行保育工作。

2022 年 9 月，本屆李家超政府依據粵港合作機制，成立了各個北部都會區工作組合作專班，希望他們能夠在港深合作的框架 [17] 之下大展拳腳，摘取碩果。

交椅洲計劃是個高碳的項目，因為整個地方及所有基礎設施必須由填海及大興土木得來，這些舉措將構成不同程度的生態破壞。因此，多個非政府組織聯合起來呼籲當局擱置計劃。世界自然基金會香港分會

上｜颱風「山竹」襲港，攝於鴨脷洲海怡半島 [18]。
下｜攝於杏花村 [19]

｜可持續未來｜

表示：

「促請政府撤回該填海計劃，該計劃預視會對本地鯨豚、珊瑚群落及漁業造成不可逆轉的負面影響，嚴重情況下更可能會擴大香港的缺氧水域，嚴重影響本港居民的生活質素及整體海洋生態。」[20]

思考未來方向

北部都會區和交椅洲人工島項目均是龐大的建設計劃。由於兩者仍處於設計階段，我們應該有能力及時間確保項目朝向低碳、具氣候抗禦力、保存生物多樣性和生態系統功能的方向發展。香港與內地官員必須緊密合作，確保大灣區建設遵循可持續發展的規劃和設計路線，及早訂定清晰的發展原則。

此外，由於這些項目造價高昂，而鋼鐵和水泥等的高碳材料成本較低，在規劃上或會受到「將貨就價」的利誘情況而放棄考慮選用低碳材料。而另一個大灣區當局需要解決的問題，是有關全球暖化導致海平面上升的挑戰。儘管北部都會區及交椅洲人工島項目的地理位置各有不同，而令需要考慮的因素有所差異，但海平面上升的問題同樣會對兩大項目構成相當的影響。

超強颱風「山竹」在 2018 年襲港時，交椅洲和西博寮海峽錄得最高海浪高達 6.8 米[21]。因此，擬定地盤平整高度時需要考慮適當的緩衝，而北部都會區及交椅洲人工島項目的詳細規劃公佈之時，是否有足夠的緩衝區，相信或會成為專家爭論的焦點。對於交椅洲項目，香港政

府稱，會採取循序漸進的適應性方法去應對：

「……在海堤設計上預留應變容量，以便將來按實際情況加強人工島應對氣候變化的能力，例如加高海堤或擋浪牆高度……此外，在規劃設計方面亦作出安排，沿海岸線設有 20 至 30 米闊的海濱長廊，既可提供休憩設施予市民享用外，亦可以在極端天氣情況下作為緩衝區，減低惡劣天氣可能帶來的影響。」[22]

另一個隱憂是人口密度的問題。儘管現時仍在設計的初期，北部都會區和交椅洲都有可能會逐漸變成過度擠擁的居住環境，背離原本「優質生活」的目標。

儘管現時香港和內地都出現人口下降的情況，但發展大型項目必須慎重考慮人口變化的問題。港府曾於 2020 年預測，香港人口將從 750 萬增長到 2041 年中期的 810 萬，然後在 2060 年代下降至 735 萬[23]。2023 年 2 月公佈的最新數據顯示，由於人口自然減少（死亡人數高於出生人數）和香港居民淨流出[24]，截至 2022 年底香港人口為 733 萬。由於 2019 年冠狀病毒病，2020 至 2022 年的死亡數字特別高，尤以老年人口為甚。加上這段時期有許多居民為規避疫情的種種限制措施而遷移外國，目前尚未清楚當中多少人將會回流返港。這段時間亦恰逢香港 BNO 持有人進入及逗留英國的簽證要求而發生變化。2023 年 2 月的新聞報道顯示，過去兩年，至少有 105,200 名港人前往英國，並形容這是嚴重的人才流失[25]。

香港無論在環保、智能、技術、金融行業，以至不同專業領域上都求

才若渴。因此，為了吸引各地人才來港，政府在新冠疫後積極推動各項人才計劃。有人提出可考慮建造房屋和提供如在交椅洲計劃中所設想的中產類型住宅，然而，這些計劃會否奏效既是言之尚早，而香港最迫切的，相信仍是為低收入家庭分配公屋的龐大需求。政府可適時發佈更多更新的人口結構變化的資訊，及分享這些人口資訊對各個發展項目的潛在影響。同時，特區政府應向大眾解釋發展交椅洲項目的真正原因——政府由於沒有足夠的土地儲備，而往往令他們與地產發展商談判補地價的時候缺乏議價能力。反之，許多發展商已在新界購入大量土地作為可觀的土地儲備。政府官員一直對這個問題避而不談。現在，也許是時候要具體地向公眾說個清楚明白了。

註

1　香港特別行政區政府 2018 政制及內地事務局粵港澳大灣區網站，https://www.bayarea.gov.
　　hk/tc/about/the-cities.html。

2　Statista，2021 年 5 月 4 日，https://www.statista.com/chart/20858/top-10-countries-by-
　　share-of-global-manufacturing-output/。

3　歐盟碳邊境調整機制，https://taxation-customs.ec.europa.eu/green-taxation-0/carbon-
　　border-adjustment-mechanism_en。

4　立法會資料研究組，《香港的再工業化》，2022 年，https://www.legco.gov.hk/research-
　　publications/chinese/2022issh28-re-industrialization-in-hong-kong-20221107-c.pdf。

5　「創新製造」是香港科技園使用的術語，請參閱 https://www.hkstp.org/zh-hk/why-we-
　　innofacture/innofacturing-tomorrow/。

6　立法會資料研究組，《資料便覽：新界北部都會策略》，2022 年 10 月 7 日，https://www.
　　legco.gov.hk/research-publications/chinese/2022fs03-northern-metropolis-20221007-c.
　　pdf。

7　司長隨筆：南北並駕的新發展格局，2021 年 10 月 10 日，https://www.fso.gov.hk/chi/blog/
　　blog20211010.htm。

8　《北部都會區發展策略》，2021 年 10 月 6 日，https://www.policyaddress.gov.hk/2021/
　　chi/pdf/publications/Northern/Northern-Metropolis-Development-Strategy-Report.pdf。

9　交椅洲人工島網站，土木工程拓展署，https://www.centralwaters.hk/tc/。

10 有關該地區生態價值的更詳細討論，請參閱劉惠寧所著的 *Wetlands – The Key to A
　　Sustainable Northern Metropoli*s，https://ienv.hkust.edu.hk/NMwetlands，以及立法會資料
　　研究組，《資料便覽：新界北部都會策略》，2022 年 10 月 7 日，https://www.legco.gov.
　　hk/research-publications/chinese/2022fs03-northern-metropolis-20221007-c.pdf。

11 香港中文大學香港亞太研究所，北部都會區調查結果，2022 年 2 月 21 日，https://
　　www.cpr.cuhk.edu.hk/tc/press/survey-findings-on-views-about-northern-metropolis-
　　development-plan-released-by-the-hong-kong-institute-of-asia-pacific-studies-at-cuhk/。

12 發展局，請參閱 https://www.devb.gov.hk/tc/home/my_blog/index_id_1521.html。

13 發展局，請參閱 https://www.devb.gov.hk/tc/home/my_blog/index_id_1521.html。

14 交椅洲人工島，公眾參與，https://www.centralwaters.hk/pdf/KYCAI%20-%20PE%20
　　booklet.pdf。項目網站 https://www.centralwaters.hk/en/。

15 交椅洲人工島，公眾參與活動總結，2023 年 4 月 27 日，https://www.devb.gov.hk/tc/
　　publications_and_press_releases/press/index_id_11467.html。

16 南華早報，「調查顯示公眾對明日大嶼願景缺乏信心」，2023 年 4 月 20 日。

17 立法會資料研究組，《資料便覽：新界北部都會策略》，2022 年 10 月 7 日，https://www.
　　legco.gov.hk/research-publications/chinese/2022fs03-northern-metropolis-20221007-c.

pdf。

18 香港天文台網站，https://www.hko.gov.hk/tc/publica/tc/tc2018/figure3517.html。

19 同上。

20 世界自然基金會香港分會回應 2022-23 年度《施政報告》，https://www.wwf.org.hk/?25383/WWF-Hong-Kong-response-to-2022-23-Policy-Address。

21 香港天文台網站，https://www.hko.gov.hk/tc/education/aviation-and-marine/marine/00524-storm-surge-and-sea-waves.html。

22 立法會提問及答覆，2023 年 4 月 19 日，https://www.info.gov.hk/gia/general/202304/19/P2023041900638.htm?fontSize=1。

23 政府統計處，《2020-2069 年香港人口推算》，2020 年 9 月，https://www.statistics.gov.hk/pub/B1120015082020XXXXB0100.pdf。

24 政府統計處，「二零二二年年底人口數字」，2023 年 2 月 16 日，https://www.info.gov.hk/gia/general/202302/16/P2023021600304.htm。

25 南華早報，「自兩年前英國國民（海外）簽證計劃實施以來已有 105,000 名港人赴英國開展新生活」，2023 年 2 月 23 日。

03

引導香港未來
發展的策略規劃

我堅信我們有能力把香港建設成為宜居、
有競爭力和可持續發展的亞洲國際都會，
港人的宜居家園。

凌嘉勤教授
資深城市規劃師、前規劃署署長

圖片來源：《北部都會區發展策略》報告

很多人並不為意香港有著一個非常持續的策略規劃系統。

香港的第一份策略規劃《香港初步規劃報告》在 1948 年公佈,它分析了香港的城市定位及功能,指出需要強化港口設施及提供土地以發展製造業,並提出在當時的市區邊緣例如九龍灣、醉酒灣(現荃灣葵涌一帶)、柴灣、堅尼地城等地以移山填海(balance of cut and fill)的造地方式建立衛星社區、建設連接港島及九龍半島的海底隧道、鐵路地下化等,這些在當時來說都是非常具前瞻性的策略發展建議。之後,香港大概每十年左右便會進行一次策略規劃。這些策略規劃方案為香港不同階段的長遠發展確定方向、制定城市規劃和設計原則、訂立可實施的策略性基建項目等。

舉例來說,市民現在已經習以為常在維港兩岸的海濱長廊怡然漫步,在港島和九龍的重要公共空間抬頭都能看到獅子山、九龍山脈和港島山脈的起伏山巒。把維港兩岸土地從原本的功能性用途轉型為「還港於民」的康樂及生活用途,在高層高密度的城市三維空間中保育維港兩岸山巒的公眾視覺景觀,是 1990 代中期公佈的「都會規劃」倡議的策略性城市設計目標。當年提出這些倡議也曾引發不少爭議,觸動了不少固有利益,最後在市民的支持和政府的持續努力下,取得了得來不易的成效!

透過一系列的策略規劃,我們建設了三代共九個新市鎮,設立了深受市民珍愛的郊野公園系統,建設了新機場、高鐵、港珠澳大橋等緊密連接世界和內地的策略性交通設施,以「土地利用─交通設施─環境保育最優化」的策略規劃原則,建成了以公共交通為骨幹,穩定的生

深圳灣兩岸景觀的強烈對比（圖片來源：《北部都會區發展策略》報告）

態系統為屏障的高密度、高效率的宜居城市。

現行的策略規劃

儘管如此，我們也必須承認，香港的發展正處於瓶頸和十字路口。我們遇到土地和房屋嚴重短缺所帶來的問題，而社會大眾多年來無法就前路達成共識；我們面臨「雙老化」的挑戰，即人口結構和建築存量正在以驚人的速度同時老齡化；我們的經濟在結構上偏向金融和房地產，令社會財富分佈嚴重不均；就業機會過度集中在維港周圍，導致職住分佈極不平衡；我們未能在「一國兩制」下善用國家的發展動力，特別是鄰近城市的經濟活力，因而不能最有效地發揮香港的發展優勢

及潛力。

我們迫切需要一個有遠見和全面的策略規劃，以幫助香港將這些挑戰轉化為機遇和行動。

2016 年 10 月，政府公佈了《HK2030+：跨越 2030 年的規劃遠景與策略》（簡稱《HK2030+》）諮詢報告，並進行了歷時六個月的公眾諮詢；2021 年 10 月 6 日，在發表《行政長官 2021 施政報告》的同一天，政府公佈了《北部都會區發展策略》；並隨即在兩天之後的 10 月 8 日，公佈了《HK2030+》的最終報告。

《行政長官 2021 施政報告》中指出：「《北部都會區發展策略》……是在『一國兩制』框架下首份由香港特區政府編制，在空間觀念及策略思維上跨越港深兩地行政界線的策略和綱領……將為香港的長遠發展前景謀定新方略，在香港重回『一國兩制』正軌的時刻，別具突破性和前瞻性意義。」

《行政長官 2022 施政報告》中明確指出：「『北部都會區』是未來的策略發展據點，亦是驅動香港再創高峰的新引擎。本屆政府會全力推進『北部都會區』建設。」

發展局在 2022 年 4 月 27 日總結交椅洲人工島公眾參與活動時說：「發展人工島的構想自 2011 年起經過多年討論醞釀，並於 2018 年經大型公眾參與活動後，成為其中一個土地供應優先選項，政府繼而開展規劃及工程研究。我們不應再停留於討論推展與否，而是集思廣益，

左｜《HK2030+》最終報告
右｜《HK2030+》諮詢報告
下｜《北部都會區發展策略》

從香港邊境望向深圳（圖片來源：《北部都會區發展策略》報告）

探討如何把項目做好。」

《HK2030+》最終報告及《北部都會發展策略》合共成為導引香港未來 20 年發展的策略規劃。

願景和策略規劃基石

策略規劃需要一個願景。《HK2030+》諮詢報告的願景是讓香港成為宜居、有競爭力和可持續發展的「亞洲國際都會」。為實現這一願景，《HK2030+》提出了三個策略規劃基石。

　　　　　　　　　　　　| 可持續未來 |

第一個基石是「規劃宜居高密度城市」。宜居涉及城市中有助於提高人民生活品質和福祉的要素。緊湊高密度的發展模式，使香港非常便捷、高效、充滿活力和多元。毫無疑問，高密度城市是香港無可替代的城市發展模式。我們可以，也必須，透過妥善的城市規劃和城市設計，使香港成為一個宜居的高密度城市。

第二個基石是「迎接新的經濟挑戰和機遇」。香港人見證了鄰近城市的快速崛起和發展，尤其是深圳和廣州，甚至是上海和新加坡。社會上一些人士曾擔心我們的競爭力會下降，香港可能會被邊緣化，憂心迅速崛起的鄰近城市可能會替代香港的功能。

《HK2030+》分析了香港的全球定位，重申了香港在「一國兩制」安排下的獨特競爭力。香港有能力化挑戰為機遇。香港需要邁向高增值，建立所需的土地和空間供應，以增強經濟能力和應變能力，應對不可預見的經濟機遇和挑戰。新的經濟用地和新增就業機會應更多地分佈在新界北部和擬議的交椅洲人工島，以達致更可持續的職住空間分佈。

第三個基石是「創造容量達致可持續發展」。要維持香港未來社會和經濟發展，需要提供大量可發展的土地和空間。我想強調的是，「容量」既包括發展容量，也包括環境容量。我們在創造發展容量的過程中需要納入生態保育、生物多樣性、碳中和等考慮因素，作為可持續增長的一個組成部分。

《HK2030+》諮詢報告提出香港以維港為中心的一個都會商業核心、

兩個策略增長區（當時被命名為新界北新市鎮以及東大嶼都會）以及
三大發展軸（即西部經濟走廊、東部知識科技走廊和北部發展帶）的
空間發展戰略框架。

策略規劃的範式轉移

與以往的策略規劃相比，這三個《HK2030+》策略規劃基石及策略性
空間發展框架，體現了策略規劃方式和思維上的範式轉移。

首先，之前的策略規劃方式本質上是「回應需求」：人口和經濟增
長的預測被轉化為土地需求估計，隨後確定解決方案的空間組合
（solution space package）和所需的交通連接和基礎設施，作為策
略發展的關鍵要素。「回應需求」範式的不足，使香港總是在追趕土
地需求指標，土地生產計劃總是滯後，基本上不能創造土地儲備來應
對突然變化的情況。我認為這種做法是造成房屋和經濟發展用地短缺
的原因之一。

《HK2030+》採用「願景驅動」的策略規劃方式，倡議政府和社會應
該有遠見和勇氣，為城市設想更美好的未來，並以更有效和有效率的
方式調動我們的資源，以實現我們的願景。

第二，以往的策略發展基本上都是「房屋帶動」，更準確地說是「公
屋帶動」。無可否認這是成功的，九個新市鎮的出現就是明證。然而，
這種方法導致了職住空間分佈的嚴重不均衡。晨峰期的南行通勤交通
擁堵嚴重，晚峰期則反之，這樣的交通情況我們再熟悉不過了。這不

僅反映了昂貴的鐵路和公路系統的低效利用，它還對數百萬香港人的生活質量和整體生產力產生不利影響。

《HK2030+》更加強調「就業帶動」，表明迫切需要在職住分佈方面實現更可持續的空間平衡。諮詢報告中的東大嶼都會，現稱為交椅洲人工島，將發展成為 CBD3；北部經濟帶將容納大片經濟發展用地，洪水橋新發展區的核心區有潛力成為新界北的 CBD。

第三個範式轉移是從「被動保育」轉向「積極創造環境容量」。傳統做法是劃定需要保育的區域，例如佔香港陸地面積 40% 以上的郊野公園，以及集中在新界北部的濕地保育區。這實際上是劃定了一條紅線，防止土地開發活動侵入保育區域。這種被動的做法在以政府土地為主的郊野公園非常成功。但是，位於深圳灣和深圳河南岸的魚塘和濕地大部分都是私人土地，此方式對保育生態敏感脆弱的濕地卻遠沒有那麼成功。

非法填土個案層出不窮，政府因保育而限制土地發展，既受到土地所有者和發展商的批評，而綠色組織則指責政府與土地所有者和發展商勾結。保育與發展之間的爭論永無休止，官司不斷，沒有贏家。《HK2030+》倡議政府及社會各界要以積極方式面對保育與發展的議題，達到「環境生態—市民—社會」共贏的結果。

例如，當我們逐步淘汰棕地作業時，我們是在消除大量環境滋擾和污染源，同時騰出土地用於新市鎮發展。我們的濕地、魚塘和具有高生態價值的農地在發展過程中應得到保育和維護，政府也必須積極採取

行動，將這些保育地區納入城市設計框架的綠藍系統，應對氣候變化和極端天氣的影響。

第四個範式轉移是從「發展導向」轉向「宜居導向」。這並不意味著發展不重要，發展仍然非常重要，但我們要問發展的目的是什麼。我的回答很明確，發展的最終目的是增進市民福祉，為市民建設宜居社區和城市。

《HK2030+ 最終報告》吸納了《HK2030+ 諮詢報告》所倡議的所有策略規劃原則和發展方向。最終報告亦將土地需求從 1,200 公頃大幅增加至 3,000 公頃。此外它還採用了由北部都會區和維港都會區組成的「雙都會策略性空間框架」，兩個都會區由南北走向的東部知識科技走廊和西部經濟走廊連接。

《北部都會發展策略》的歷史性突破

《北部都會發展策略》（以下簡稱《發展策略》）除了在空間觀念及策略思維上跨越港深兩地行政界線的突破性和前瞻性意義外，它還為香港的策略規劃帶來多項突破。

首先，在香港歷史上，這是新界北部第一次被賦予與維港兩岸傳統城市核心同等的地位和重要性。儘管新界北部現已建成三個新市鎮，約有人口 100 萬，但現時新界北部還沒有一所大學；香港濕地公園是一個全港獨有的保育設施，但在這個地區再找不到其他都會級的公共設施。這現況反映了公共資源分配的嚴重不公平，是香港這部分地區

具「雙站之利」的新界北商務核心區模擬圖（圖片來源：規劃署）

一直被視作外圍而不是核心的結果。《發展策略》徹底改變「重南輕北」的局面，當新界北部不再被視為只是由數個新市鎮及多條鄉村組成的邊陲之地，而是與維港都會區有著同等地位的綜合都會區時，公共資源分配不公平和不平衡的現象將得到根本性調整。

就港深關係而言，這是香港特區政府的政策文件首次正式承認港深密不可分的「雙城」關係。《發展策略》將「雙城三圈」作為港深的跨境空間框架，明確認定深港「雙城」一體化的發展趨勢。《發展策略》亦指出港深雙方未來必將在「深圳灣優質發展圈」、「港深緊密互動

三寶樹濕地保育公園   塘畔楊柳公園

圈」及「大鵬灣／印洲塘生態與旅遊圈」緊密協作。這提醒香港所有公職人員必須突破思維，將項目定位在這個跨界空間框架中，探索港深合作的可能協同效應。

香港的邊界區一直以來主要用作容納跨境運輸廊道的空間。《發展策略》中擬議的一籃子發展計劃，把大量居住人口和工作職位佈置在鄰近邊境管制站的鐵路站點，這將從根本上改變香港人的跨境活動行為習慣和企業的跨境運作模式，香港的邊界區從此轉變為一個港深密集互動的社會經濟活動空間，促進香港與深圳和香港與大灣

創科大樓及辦公室／開放空間　　　　地鐵站／站前廣場　　　　住宅發展（包括人才公寓）

如何在北部都會區構建完整的創科產業生態系統（圖片來源：規劃署）

區的融合發展。

香港的工業園、科學園和數碼港都是孤立的、功能單一的經濟活動實
體。《發展策略》倡議的新田科技城開創先河，將成為創科產業發展
與優質生活環境融為一體的綜合宜居社區。洪水橋新發展區的核心
區，將憑藉本地鐵路站與跨境鐵路站無縫銜接「雙站之利」的區位優
勢，發展成為香港第四個 CBD。我們也許可以想像一下，有沒有可
能在這個北部都會區的 CBD，建立香港的納斯達克交易所，成為香

港、大灣區，以至「一帶一路」各個經濟體的創科產業集資之地。這是香港首次將空間發展規劃與產業發展規劃聯繫在一起，使創科產業得到現代金融商貿服務業的支撐，在北部都會區蓬勃發展，成為創造就業的引擎，重新平衡香港的職住分佈，增強香港的整體競爭力和可持續發展的能力。

所有全球大都會都以獨特的城市景觀作為面向世界的名片。《發展策略》以「城市與鄉郊結合、發展與保育並存」作為總體規劃原則，並提出「實施創造環境容量的積極保育政策」為其中一個重點行動方向，建立由濕地保育公園和海岸保育公園組成的 2,000 公頃濕地和生態岸線保育系統，與高密度發展比肩並存的方式，來構造北部都會區獨特的城市景觀。這是香港透過城市規劃和城市設計，營造與北部都會區潛在的全球地位相稱的大都會城市景觀的嶄新嘗試。

《發展策略》是一份前瞻性的策略行動綱領。它包含 10 個重點行動方向和 45 個行動項目，可總結為包括五個新鐵路項目，其中三個提供跨境服務；四個大規模房屋拓地項目；三個濕地保育公園；兩個戶外生態康樂／旅遊空間項目；和一個新田科技城。政府的目標是用 20 年建成北部都會區，容納 250 萬人口及 65 萬個職位。這樣的發展規模，完全可以媲美很多國際大都會。

交椅洲人工島的策略功能

在《HK2030+》的雙都會空間結構下，北部都會區和維港都會區將相輔相成，同步並進，共同推動香港的發展。北部都會區作為香港第二

交椅洲人工島構思圖（圖片來源：《HK2030+》最終報告）

經濟引擎，有利創科產業發展，交椅洲人工島將加強維港都會區作為全球金融和商業樞紐的功能。

人工島能提供大量發展用地，增加公私房屋供應，發展 CBD3，提升香港的整體競爭力。建成後，這些島嶼可容納約 50 萬人口、約 20 萬套住房和 27 萬個工作崗位。人工島的發展並非遙不可及，政府計劃於 2025 年開始填海，首批人口預計於 2033 年入住。

人工島擬議的公路及鐵路策略性交通基建，不但可將人工島與香港其他地區連接起來，亦可加強維港都會區與北部都會區的聯繫，使兩個都會區都能更有效利用北大嶼山的「雙門戶」功能，通過香港國際

機場和港珠澳大橋通往世界和其他大灣區城市。

人工島可以提供大量優質的休閒空間，及大量房屋用地，促進維港都會區的舊區重建，避免許多西方城市都經歷過的內城衰敗問題。

未來 20 年的挑戰與機遇

在《HK2030+》及《北部都會發展策略》的導引下，香港正邁入新一波的城市化浪潮，三大發展熱點是北部都會區、交椅洲人工島和維港都會區核心部分的大規模市區重建。這波城市化浪潮將促使大量新社區誕生，為不少現有社區帶來轉型與蛻變，亦不可避免會有社區因清拆而消失。這個過程既會為很多市民帶來希望和生活的改善，也會為一些市民帶來衝擊與不滿。我們既期待社會整體狀況的改進，也要應對因發展而給部分社區帶來的張力。

新一波城市化浪潮也需要建造高容量基礎設施系統，加強與大灣區的融合，以創新和科技驅動香港的發展和進步。

如何為北部都會區和交椅洲人工島構建高質量的可持續社區，營造獨特都會景觀：如何構建完整的創科產業生態系統，從無到有構建兩個嶄新的商務核心區，為市民帶來大量高質素的工作機會；如何在急速的城市化浪潮下保育生態環境、保育社區文化遺產、保留舊區的街道肌理和社區關係；如何好好利用新發展用地促進市區更新，避免內城衰敗的現象在香港出現；如何在發展中應對氣候變化的挑戰和達致碳中和的目標；如何在面對龐大的發展開支時仍能保持公共財政的健康

和韌力，等等問題都是對政府、社會及專業人士的重大挑戰。我們既要對種種難題有合理的擔憂以保持警惕，也要對種種機遇有積極的擔當以保持前進的動力。

溫斯頓·邱吉爾（Winston Churchill）有一句話：「讓我們超前的擔憂變成超前的思考和計劃。」

「擔憂」應該被分析、研究、克服，化為向目標前進的思考和計劃的「擔當」。我堅信我們有能力把香港建設成為宜居、有競爭力和可持續發展的亞洲國際都會，港人的宜居家園。

04

在保育中發展：
向《香港 2030+》
進發

陳輩樂博士
世界自然基金會香港分會保育總監

香港是全球人口最稠密的地區之一，山多平地少，要提供足夠土地滿足各界需要和期望無疑是一大挑戰。香港政府發佈的《香港 2030+：跨越 2030 年的規劃遠景與策略》報告，為未來 30 年的全港空間發展策略定下了方向；規劃署署長鍾文傑先生在報告 [1] 中提到，發展北部都會區（簡稱北都）是解決本港土地供應短缺問題的方案之一。北都發展策略覆蓋面積達 300 平方公里，東起印洲塘，橫跨新界北區至元朗白泥，佔香港非保育土地總面積約一半，規模龐大。

北都規劃範圍內現存大量自然及鄉郊景觀，包括不少具高保育價值的地點如郊野／海岸公園、上水／打鼓嶺一帶的優質農地和傳統村落、后海灣超過 2,000 公頃的魚塘濕地，以及棲息著瀕危動物和生境的尖鼻咀／白泥海岸帶。雖然在政府發佈策略時明確提出「城市與鄉郊結合、發展與保育並存」的規劃原則，但要完成如此規模的大型發展項目，我們可預見該區域的自然面貌將無可避免地有翻天覆地的變化。

新界西北——人與自然共存的國際級濕地景觀

在 2021 年行政長官施政報告中，政府公佈將在后海灣一帶收回約 2,000 公頃魚塘濕地作生態保育用途，並會建立不同類型的保護地提升整體生態價值。這些擬建保護地都位處或鄰近以米埔自然保護區為核心的國際重要濕地。隨著北都的開發，多個政府和私人大型基建項目將會在這些具全球重要性的濕地周邊陸續展開。

作為管護米埔自然保護區 40 年的環保機構，世界自然基金會（WWF）香港分會對政府積極保護米埔周邊濕地表示歡迎，但也十分關注北都

開發對后海灣整體生態功能的潛在影響。在展開此等大型基建項目前，政府必須審慎評估各環節的生態影響，規劃中要採取積極措施，保護高生態價值地點，妥善管理新成立的保護地，確保后海灣濕地生生不息。WWF 在香港策劃保育策略及推行具創新性的保育措施上，累積了大量寶貴的經驗，特別在米埔自然保護區實施主動管理和保育后海灣魚塘地區的實戰經驗更屬難能可貴。基於這些經驗，我們有以下建議：

推廣「南基圍，北魚塘」管理模式

基圍是廣東地區別具特色的鹹淡水傳統蝦塘，靠潮汐變化運作，因此比起常規魚塘，對水鳥更有吸引力，可惜由於經濟轉型，米埔保護區是全港僅存仍以傳統方式操作基圍之處。我們建議將米埔西南方的甩洲至尖鼻咀一帶的廢棄基圍修復，並推廣生態養蝦業，擴大這種優良水鳥棲息地的面積（地圖 1）。米埔東北面的商業魚塘，則應繼續其營運模式，並在管理上與米埔綜合考慮，令三大濕地相輔相成，為水鳥提供廣闊而多樣化的生境。此舉除了可取得最大的保育效益外，后海灣養殖業人士也能維持生計，令當地社區成為保護北都濕地的重要持份者。

復育消失中的淡水濕地

水生植物茂盛的淡水沼澤具極高生態價值，維持著獨特的生物群落，包括董雞（*Gallicrex cinerea*）和水雉（*Hydrophasianus chirurgus*）等專化鳥類。過去幾十年間，香港鄉郊的土地用途經歷巨變，導致大

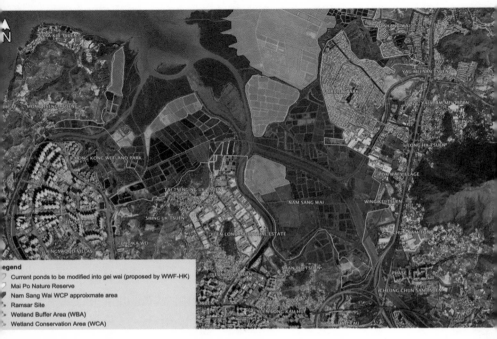

（地圖 1）WWF 建議將黃色區域魚塘修復成基圍，以優化后海灣的水鳥棲息地（南生圍濕地保育公園的邊界只作參考）（圖片來源：WWF）

量淡水濕地消失或退化，上述水鳥變得非常稀少，也不再以本港為繁殖地。WWF 建議規劃中的濕地保護地把一些荒廢淡水魚塘改造成沼澤，並積極管理維護，以復育這種消失中的生境及其賴以為生的動植物群落。

保留濕地緩衝區，應對全球氣候變化

為水鳥提供潮漲歇息和覓食地，在濕地管理中是一項特別關鍵的措施。根據氣候變化專家預測，未來海平面上升將會淹沒米埔外圍的灘

米埔自然保護區內精心營造的潮漲歇息塘，是后海灣水鳥關鍵的棲息地。（圖片來源：WWF）

塗和紅樹林，后海灣候鳥將會失去大量棲息地。 因此，保留並管理好法定的后海灣濕地保育區和緩衝區，是米埔適應氣候變化的主要手段，而在建議擴大的基圍系統內種植紅樹林，亦有助碳封存以緩解氣候變化並增強沿海抗災能力。

打造「水獺生態走廊」

東亞地區的歐亞水獺（*Lutra lutra*）數量稀少，香港只倖存零星的個體，局限分佈於后海灣一帶，是我國少數仍有水獺生存的城市之一，

（地圖 2）WWF 建議北部都會區內設立的「水獺生態走廊」示意圖（圖片來源：WWF）

（地圖 3）北部都會區內已落實或規劃中的發展用地（圖片來源：WWF）

｜可持續未來｜

值得我們珍惜呵護。水獺活動範圍廣，雖然米埔無疑是這物種在港最重要的棲息地，但要水獺繼續以香港為家，我們必須在北都的河流濕地間打造無障礙「水獺生態走廊」，確保新增保護地和米埔保護區之間的生境連通性，使水獺有足夠的活動和覓食空間，並找到合適的繁殖地點（地圖 2）。這有賴負責物種保護、水質控制、防洪及渠務、路政等政府部門間協調溝通，制定最適當的設計。

推廣智慧型濕地管理

採用創新科技將有助管理好擬建保護地內面積超過 2,000 公頃的濕地，並且大大提升管理效率，達至智慧城市的目標。在政府的支持下，WWF 已經在米埔自然保護區試驗多項物聯網（IoT）設施提升管理效率，初步效果良好。我們建議在擬建保護地內大力推行創新科技，以達到高效管理濕地和遊客，以及研究監測重要物種等管理目標。

北部都會區——保育與城市化融合的大舞台

由於生態價值高，米埔自然保護區周邊約 3,000 公頃的魚塘區自 1990 年代起，被納入法定的濕地保護區（Wetland Conservation Area, WCA），外圍再由濕地緩衝區（Wetland Buffer Area, WBA）作屏障。政府發佈的北都策略中，承諾會把 WCA 的大部分魚塘劃作三個濕地保育公園（Wetland Conservation Park, WCP）。雖然這些濕地景觀受法律保護，但北都發展策略的目標是令現有居住人口和經濟用地增加 2.5 倍，並提供 65 萬個就業機會 [2]。如何在這個超大型基建項目中維持后海灣濕地生態系統的完整性，需要各領域專才的參與

溝通，採用更創新大膽的土地用途規劃、城市及建築設計，才能平衡經濟和保育需求。

打造北都國際濕地城市

香港對住屋、經濟和社會福祉等發展需求與日俱增，WWF 認為，在整體空間規劃框架和策略性環境評估的支持下，以保育為核心的綜合保育發展框架（Hughes and Flintan, 2001）可以緩解北都發展對后海灣帶來的壓力。在新發展區，採用如「Development with conservation」（Midler, 2007）等生態友好開發指導原則，便能同時滿足自然保育和人類發展兩個目標。 香港的策略性發展規劃公佈了一系列新發展區，橫跨整個新界北部，四方八面包圍了法定的 WCA 和 WBA；當中包括洪水橋／廈村新發展區、元朗南發展區、新田／落馬洲發展樞紐、落馬洲河套區的港深創科園、古洞北及粉嶺北新發展區、新界北新市鎮、 文錦渡發展走廊[3]（地圖 3）及相關交通運輸配套系統。這些發展區坐落於郊野公園群山和后海灣濕地之間，基建工程無疑會影響注入后海灣河溪的水文，大量水泥硬化建築也會在大雨時帶來水質污染問題，影響米埔濕地至關重要的水資源。

氣候暖化會帶來更頻繁的極端天氣，政府在規劃北都新開發區時，應確保設計符合海綿城市的理念，順應自然，將縱橫此區域的河溪作為主要的綠色基礎設施（green infrastructure），貫徹「山海一脈」（Ridge to Reef）的保育理念：確保山脈至海岸間水文和生境的連通性，保留原有河流走向並減少水泥硬化河道，基建設施盡量減少水泥硬化面積，保留地表滲透性，減少地表徑流。此外，米埔保護區、

| 可持續未來 |

WCA 和 WBA 內連片的沿海濕地，亦是一個天然的大型蓄洪區，大大強化了北都抵抗天災的適應力。這種城市設計理念非常符合近期全球推崇的「基於自然的解決方案」（Nature-based Solution）[4]，可使香港走在國際環保基建設計的尖端。 簡而言之，「海綿」或「濕地」城市將整合一個綠色基礎設施系統，以達成：

- 防洪和蓄洪；
- 碳封存以緩減氣候變化；
- 抵擋風暴潮和洪水，儲存雨水以應對氣候變化造成的缺水；
- 水和空氣的天然淨化系統；
- 針對熱浪和城市熱島效應的自然冷卻系統；以及
- 其他有助人類和環境福祉的生態系統服務，維持后海灣濕地景觀的生態完整性。

《濕地公約》（Convention on Wetlands）引入了「國際濕地城市」認證計劃（Wetland City Accreditation Scheme），全球至今共有 43 個城市獲得認證，而中國是獲得此殊榮最多的國家。作為國家重大發展戰略「粵港澳大灣區」的核心城市之一，香港絕對有條件把毗鄰米埔濕地的北部都會區打造成一個世界級濕地城市，將濕地作為綠色基礎設施，去輔助灰色基礎設施[5]，推廣造福市民及大自然的城市設計，帶動大灣區其他城市採取更積極的濕地保護措施，實現可持續發展。

WWF 建議把青山公路米埔段的法定可發展土地、新界北發展區內的新田及落馬洲發展樞紐，以及位於落馬洲河套區的港深創科園，設計成大灣區首個濕地城市（地圖 4 棕色區域）。北都濕地城市可分階段

建設，先以港深創科園為試點，評估可行性後擴展到其他地區。此外，在米埔一帶有不少因非法改變土地用途而被破壞的保育相關土地（地圖 5 綠色區域），我們建議將這些地點修復濕地生態，活化為生態公園供社區使用，而不是將其違法行為合法化。

善用北都生態旅遊潛力

除了蜚聲國際的米埔內后海灣濕地，北都規劃範圍內包含了新界東北多個郊野和海岸公園，以及大量保存著昔日農村風貌的鄉郊荒野，也有不少優質的農地。香港市民及國內外旅客一直對香港的生態旅遊有較大需求，而政府在北都規劃空間佈局中更把新界東北劃定為「生態

（地圖 4）北部都會區濕地城市建議選界。位於落馬洲河套區的港深創新及科技園，可作為北部都會區濕地城市的試點。（圖片來源：WWF）

　　　　　　　　　　　　| 可持續未來 |

康樂旅遊圈」。開展生態康樂旅遊是一把雙刃劍——規劃管理得宜，的確可以優化旅遊區的生態環境；規劃管理不善則會適得其反，為敏感生境帶來干擾或破壞。新界東北在法定保育地區之外仍保留了不少高生態價值的私人土地，特別是淡水濕地和優質農地等寶貴天然資源，在發展生態旅遊時，必須讓生態專家和土地持有人深度參與討論、規劃及管理，確保生態敏感地區得到保護，受損地點獲得修復，土地持有人獲得合理的激勵回報。善用 WWF 在米埔保護區內推行的智慧型生境管理系統，或許是有效管理北都各類型保護地及生態旅遊點的一個大路向。

（地圖 5）建議修復作濕地生態公園的棕地。綠色土地為新田及落馬洲發展樞紐內被非法佔用的政府法定綠化帶，這些區域非常適合被修復為濕地生態公園，成為新發展區居民的休閒綠地。（圖片來源：WWF）

打鼓嶺鄉郊的一處法定古蹟（圖片來源：WWF）

借鑒周邊地區成功保育措施

香港擁有值得自豪的大面積法定保育地區，后海灣濕地一望無際，郊野公園山巒起伏，地質公園風光旖旎。可惜在這些保護地以外，開發壓力沉重，而我們在構思，特別是實施具創新性、較大膽的保育理念上，看來卻未及周邊地區積極。新加坡與深圳無論在經濟、文化、人口密度方面都與香港近似，但在推行積極大膽的保育措施方面都有超越香港的趨勢。

新加坡——花園城市

這個素有花園城市美譽的小國非常重視市區綠化，2020 年全國

后海灣濕地的世界級景觀（圖片來源：WWF）

的綠化面積達 46.5%，令不少一度消失的物種如江獺（*Lutrogale perspicillata*）和冠斑犀鳥（*Anthracoceros albirostris*）都重回市區。當地政府近年更推出策略性的全國性保育規劃「Singapore Green Plan 2030」，實施一系列生態環境優化工程，如 「Park Connector Network」、「Heritage Roads」、「Community Gardens」 以 及「Tree Conservation Areas」等[6]，旨在進一步綠化都市，促進生態及國民健康。2012 年，新加坡在設計市區綠化公園 Bishan-Ang Mo Kio Park 中進行生態修復的 Kallang 河道，成功吸引了一家江獺定居，成為全球佳話，此項目也成為國際上常用的 Nature-based Solution 典範[7]。他們更在全國最繁忙的高速公路修建了一條長 62 米的生態廊道（Eco-Link），也在修建更多類似措施，修復生境連貫性。在建築物綠化方面，新加坡更是處在全球領先地位。

深圳——急起直追

與香港一水之隔的中國超大城市之一深圳，近年也非常積極推動生態保護、修復和綠化的各樣條例和措施，而企業方面也積極配合環保大潮流，在公益事業和推行環保措施方面非常活躍。深圳政府早在 2020 年已建造了橫跨坪西公路的排牙山—七娘山節點生態廊道，跨度 60 米、寬 50 米，是廣東省首個野生動物生態保護廊道，以連接大鵬半島被公路切割的山地森林。深圳市政府單在大鵬半島就計劃修建九條生態廊道， 第二條已經接近竣工，同時在市區也推出「一脊一帶二十廊」和「碧道」等大型綠化計劃。在光污染方面，深圳推行《深圳市城市照明專項規劃（2021—2035）》，明確劃定「生態保護區」及「生態控制區」，要求整體保持寧靜的黑暗環境，並把大鵬西涌定為中國首個國際暗夜社區，推廣觀星旅遊。

結語

香港的郊野一直是吸引外地旅客的一大資產，位於北都規劃範圍內的后海灣國際重要濕地及散落各區的鄉郊綠地，更是香港與深圳這兩個繁華大都市的瑰寶，在環境保護、氣候調節、抵抗天災、休閒娛樂、可持續發展大灣區方面都有舉足輕重的地位。面對北部都會區如此龐大的一個發展規劃，各界必須同心協力，多方位地思考論證開發和保育間的利弊，並積極推行具創新性的保育計劃，保證香港珍貴的天然資源得到保護同時，北部都會區能真正成為宜居宜業宜遊的新都會區。

註

1 https://www.info.gov.hk/gia/general/202110/08/P2021100801145.htm?fontSize=1
2 https://www.legco.gov.hk/research-publications/english/2022fs03-northern-metropolis-20221007-e.pdf
3 https://www.policyaddress.gov.hk/2021/eng/pdf/publications/Northern/Northern-Metropolis-Development-Strategy-Report.pdf
4 Nature-based Solutions seek to maximise the ability of nature to provide ecosystem services that help address a human challenge, such as climate change adaptation, disaster-risk reduction, reducing water pollution and food production, while at the same time helping restore and enhance biodiversity
5 Green infrastructure is nature-based systems such as riparian areas, forests, floodplains, wetlands that can be integrated into developments, or conserved to provide protection and other benefits for human well-being, such as flood protection, clean air, climate regulation, etc. Gray infrastructure is man-made physical structures such as dams, seawalls, bridges, roads, buildings, etc. The concept is using "green" systems such as forests, wetlands, and mangroves to complement gray infrastructure.
6 https://www.nparks.gov.sg/gardens-parks-and-nature
7 https://wwfint.awsassets.panda.org/downloads/exe_wwf_a4_template_sbn_final2.pdf

參考資料

Hughes, R., and Flintan, F. (2001). *Integrated conservation and development experience: a review and bibliography of the ICDP literature*. London, UK: International Institute for Environment and Development.

Milder, J. C. (2007). "A framework for understanding conservation development and its ecological implication". *BioScience* , 57 (9). pp. 757-768.

城市規劃

城市規劃對城市的未來發展極為重要，規劃能確立前瞻性的願景和方向，制定發展重點及達到願景的路徑。

經過疫情的洗禮，城市規劃亦需與時並進，創造對人類、生物及環境健康的城市。新的城市規劃語言需要跨越以功能效益經濟為首的思維，以提升人性心靈康泰為目

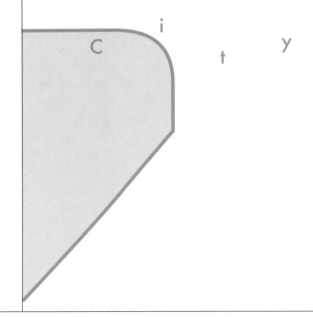

City

PART 2

標，創造豐盛生命的生活環境。

我們需要創意的頭腦，在設計過程中加強市民參與，集思廣益，令城市不同區域各有地區特色，結合香港的山水資源，鼓勵市民實行健康及減碳的生活模式，把城市規劃從「買賣價值為本」，轉為「生態社區為本」。

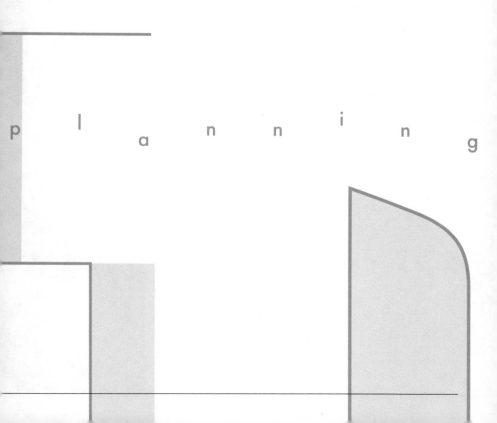

p l a n n i n g

05

構建豐盛生活的城市環境

桑德科克（Leonie Sandercock）指出現今城市規劃要以新的規劃語言，跨越傾向功能效益的思維，改以提升人性心靈康泰為城市規劃的認知及遠象，構建帶來真實豐盛生命的城市環境。

盧惠明、周日昌、伍德華
城市規劃師

新冠病毒疫情驟然而至，促使一向急速的全球城市步伐，一下子停頓下來了。但城市規劃發展的歷史清楚告訴我們，規劃必須適時思考及回應，甚至帶來典範的轉變，方能帶動社會變遷。持續兩年的疫情，既帶動了全球城市規劃的回應，亦啟發了專家思考更以人為本的發展方向及策略。在這宏觀大環境下，又適逢 25 周年這個時空契機，我們香港的城市規劃如何能適時多走一步，深化及落實規劃，構建可宜居、可持續及健康有活力的香港城市環境，為現在及將來的香港市民帶來豐盛的城市生活經驗，是本文嘗試探討的課題。

帶來豐盛生活的城市環境

新冠病毒疫情令全球城市運作幾乎停頓，但這暫時借來的慢下來時空，促發了全球對健康城市環境的訴求，並誘發我們思考怎樣的城市環境才能帶來真實的豐盛城市生活經驗。我們認為城市規劃理論學者桑德科克（Leonie Sandercock）所倡議就現今的城市規劃進行典範轉變，可以在這方面帶來啟示。桑德科克指出，現今城市規劃本質上是過份推崇技術、理性及功能考慮，更強調經濟上達至高效率及大效益，卻未能充份從人文關懷（humanity concerns）考慮人的心靈康泰（spirituality）。因此她倡議現今城市規劃要以新的規劃語言（a new language of planning），跨越上述這種傾向功能效益的思維，改以提升人性心靈康泰為城市規劃的認知及遠象，才能構建為現在及未來城市人帶來真實豐盛生命的城市環境。桑德科克因應全球化帶來多元及跨文化的城市，她更強調要構建能促進多元、共融、關顧及互敬社群的城市環境。

　　　　　　　　　　　　　　　| 城市規劃 |

桑德科克所倡議轉向提升人的心靈健康的典範轉變，很自然地與從宗教文化進路探索未來城市的方向互相呼應。盾龍（Philip Sheldrake）倡議能帶來真實豐盛生活的未來城市應該是能提升心靈康泰（Spiritual City）。葛林（T. J. Gorringe）更清晰地指出在規劃及建造未來城市時必須從看重最大功能效益的主導思維，轉向促進五大方向，才能達致豐盛生活：（1）能尊重、反映文化及歷史，富有詩意及象徵性的城市環境；（2）促進公眾參與及建立共識的、公正的發展程序及機制；（3）構建宜居、人性化及順應自然的城市環境；（4）依循可持續發展原則；及（5）最終以建立健全的社群為目標[1]。當然，這些典範轉變倡議都是指向更美善及人性的城市環境，縱然具挑戰性的共同願景，卻值得全球城市努力付出，邁向此高處。

我們作為香港城市規劃師，當然體會到在現實政治經濟環境中實踐規劃工作，經濟效益及增長是必要的考慮，但上述桑德科克、盾龍及葛林傾重關注人的精神心靈需要的論述，確實是城市規劃理論及認知上所倡議的典範轉移，對我們都是很好的提醒，要在香港實際及現實的限制下仍謹記多關注人的需要。但更具挑戰性的，是要在實際的城市政經環境下、在現行規劃機制下，摸索推動落實這些願景的可行方法，引領未來的規劃能漸進地帶來上述的典範轉移，務使我們所規劃發展的城市環境能帶來豐盛的生活，而不單是經濟發展。以下本文會嘗試從長遠規劃策略、市區重建、新發展區規劃及城市規劃條例，思考我們香港未來的城市規劃。

《香港 2030+》：全港空間發展策略規劃

《香港 2030+：跨越 2030 年的規劃遠景與策略》（《香港 2030+》）闡述了香港未來 30 年（2019 至 2048 年）的全港空間發展策略，提出了一個由願景帶動、具前瞻性及創造容量的概念性空間框架，使未來香港成為宜居、具競爭力及可持續發展的「亞洲國際都會」[2]。然而，社會的關注點都傾向這個長遠策略在整體土地需求及供應上，如何能滿足未來經濟及民生發展需要，包括房屋、經濟用途，以及政府、機構及社區設施等休憩用地等，更聚焦在東大嶼填海及北部都會區發展。本文會闡述《香港 2030+》內能提升人性心靈精神健康的城市規劃元素，作為實際可行的基礎及起點，在地區規劃執行及深化這些元素，逐步為未來香港帶來經濟發展及健康豐盛的城市生活。

香港的高密度緊湊型城市形態，無可避免地會帶來城市生活壓力。《香港 2030+》的願景明確地包含了規劃建構健康、宜居、宜行的城市環境，以促進健康的城市生活方式及提升生活的質素。全球的新冠病毒疫情無疑更催化了健康城市成為共同的社會願望。《香港 2030+》提出透過主導的城市設計（active design），規劃建設適宜步行及單車的城市環境，從而鼓勵在休憩及出行時都可以多步行及踏單車，帶動城市人建立更健康及減碳的城市生活模式。另外，《香港 2030+》更建議人均休憩用地由 2.0 平方米增加至 3.5 平方米，同時亦倡議在規劃及發展城市的同時，要適切利用及融合香港豐富的自然藍綠資源，特別是維港內外沿岸水體及郊野公園。這些規劃建議都能確切地提升市民的健康與福祉。

《香港2030+》亦著意探討提高香港未來的人均居住面積，達至20平方米（假設居住空間增加10%）及22平方米（假設居住空間增加20%），這將會是每一個市民最直接親身感受到香港這個高密度緊湊型城市的宜居度。除此之外，這空間策略亦闡述了其他能提升宜居度的規劃原則：（1）我們的未來城市要能適應氣候變化和富生物多樣性；（2）我們趨向老化的城市要以地區為本的思維，改造人口稠密的老舊區；（3）我們構建的未來城市要能保存城市的獨特性和多元性；（4）目標是要達至一個獨特多元、公平，共融及互助的城市。在提升我們的宜居度時，我們亦要隱約看到一個可行的基礎，足以滿足上述城市人的精神心靈需要。

然而《香港2030+》本質上只是概念性的全港空間發展策略，如何積極落實執行及深化這些規劃意念，成為市民看得見和用得著的城市環境，才是真正的挑戰，革新《香港規劃標準與準則》以規範地區規劃及個別發展項目可以是第一步。例如以落實《香港2030+》提升人均休憩用地至3.5平方米這個建議為例，首先政府要有決心投入資源，至少考慮先行在新發展區執行這新的標準，作為回應市民渴望健康城市的訴求。當然單是數字上量化的增加，並不能確保實現優質的休憩空間；更重要的是透過創意的規劃及設計，善用我們得天獨厚的藍綠資源，在設計及管理過程中引入社區參與，特別是使設計上能帶來當區特色及認同，從而促進共融多元社會，這樣才能帶來既能滿足實際生活中需要的康樂功能，又能豐富城市人精神心靈的生活。

挪威奧斯陸歌劇院周邊，動靜皆宜的親水休憩空間。

| 城市規劃 |

位於丹麥哥本哈根，透過設計促進共融生活的 Superkilen 公園，並藉推動社區參與設計過程，帶動多元化社區認同及共融 [3]。

規劃新開發區

自 1970 年代政府拓展新界，至今已發展了共九個新市鎮。第一代新城鎮包括荃灣、沙田及屯門，目的是疏散香港過度擁擠的主城區，為市民提供相對低密度及圓滿的社區環境 [4]。第一代新城區一直受到市民的普遍歡迎，特別是沙田新城市被廣譽為便捷、綠色和宜居。但是一些比較後期發展的偏遠新市鎮，如屯門及天水圍，在發展初期出現了不同程度的社會設施配套問題。特別是天水圍新市鎮，在 1990 年代發展初階段，被批評為「悲情城市」。在發展初段遷入天水圍的，

新發展區的規劃為豐盛生活奠定基本的框架

| 城市規劃 |

都是入住公營房屋的低收入家庭，令人遺憾的是他們迫切需要的鄰近工作機會和各種社會服務，在天水圍都缺乏。而天水圍離主要市區頗遠，當時交通不便並且沒有鐵路，居民的社會聯繫被切割開來，豐盛生活遙不可及。

2008 年起，政府開拓新一階段的新開發區規劃，就不同的新界地區進行研究。當中粉嶺北、古洞北及洪水橋成為新一代新發展區（New Development Areas）的重點。普遍來說，這些新發展區內有數百公頃的現存棕地，用途主要是露天存儲、物流及車輛維修。通過全面規劃改造棕地及其鄰近土地，這些新發展區總共可提供多達約 50 萬個新住房單元，並配合就業機會和社區設施。

另外這些新發展區的發展規模較過往的新市鎮為小，人口從約 6 萬到 18 萬不等，都是位於發展完善的新市鎮周邊地區，可視作為這些完善新市鎮的擴展。好處是在發展過程中能善用已經完善的新市鎮設施，帶動協同效應，及早帶來豐盛的社區，避免過往新市鎮在開發初期時遇到的設施配套問題。另外，發展區更著重在經濟、社會和環境三方面具可持續性。在經濟層面上，發展區提供土地促進適合當區的經濟發展，以提供當區就業機會，例如在洪水橋和新田／落馬洲，促進創新和技術用途、物流、商業、零售和服務[5]。在社會層面上，這些新地區的住房組合有六至七成為公營房屋（包括公共房屋和居屋），確保均衡社區發展。在環境方面，新發展區提供充足的學校、社區、娛樂和商業設施，也採用了較高的休憩用地規劃標準，包括沿著水道規劃綿延數里的長廊、大型城鎮廣場、城鎮公園、延續的單車徑，為新發展區居民提供健康豐盛生活的環境。

保育濕地，持續本地漁農業經濟及帶動城鄉共融。

新發展區的規劃由理念設想階段，到初步規劃方案，以至建議大綱發展計劃，都展開了廣泛的公眾參與。在過程中，規劃草案都作出很大程度的修改回應了公眾願望。修訂更看重生態因素，而不僅僅是土地使用和基礎設施方面的考慮。例如，考慮到河上鄉北部鷺鳥林的生態價值，古洞的塱原現在已規劃和保存為自然保護區，以保持淡水濕地農業用途，藉以保育鳥類。另外，新發展區內的原有社區（包括非原居民住的零散村莊）和位於新發展區中心附近的活躍農業用地，都需清拆以進行發展，規劃固然要就此提供安置住房，更要多走一步在規劃概念中加入城鄉共融，包括建立農業園區和向受影響的農民重新提供農田等。為促進社區發展，新發展區規劃預留足夠的土地供政府、機構和社區使用。這既可以滿足政府和資助組織有足夠空間資源發

｜城市規劃｜

創意設計的空間固然賞心悅目，鼓勵社群參與、互動及塑造的多元開放空間更能促進城市人心靈精神健康。

展，亦可促進更多自發性社區組織的發展，帶來更融合的社區及豐盛生活。

但我們要強調，對市民而言，不付諸實施的規劃是無價值的。因此，政府還有很多實際工作要做，從長遠來看，社區規劃工作將變得更加重要，不僅要建立有形的建設環境，還要孕育豐盛共融的社區。總而言之，我們必須認識到，生活品質可以簡單地定義為人們享有健康、舒適和幸福的標準。作為一種常識，人們必須舒適愉快及健康地生活、休憩、工作，並得到醫療、教育、宗教和社區服務，以獲得良好的生活品質。為了制定一個規劃願景，促進人們過上豐富多彩的精神生活，規劃及其實施應該考慮到所有這些方面，並為人們提供機會，以開展有意義的活動，滿足他們的需求和願望。新發展區的規劃在很大程度上為良好的生活品質奠定了基本的框架，至於能否成功實施還有待觀察。但綜上所述，我們需要謹記，良好的規劃意圖僅是一個開始，政府要有魄力以新政策及增加資源去推行及實施，特別是在新發展區內落實《香港 2030+》內能提升人性心靈精神健康的城市規劃元素，帶來經濟發展及健康豐盛的城市生活。

市區更新

接下來，轉向近年舊城區的城市更新，我們失望地發現，政府和市區重建局在推行城市更新時仍只看重經濟因素，令人擔憂未能為舊區帶來健康豐盛的城市生活，甚至有違市區更新以人為本的規劃意念。

香港自 1980 年代開始制定政策，積極地處理當時已經嚴峻的市區老化。第一次嘗試是在 1988 年成立土地發展公司（土發公司），但該公司每個計劃都需遵循審慎的商業原則進行，結果只集中更新內城區幾個由政府和私人土地混合佔用的地盤，主要開發為商業辦公樓，重建利潤固然豐厚，但卻未能實質通盤地改善舊區環境。然後在 1990 年代中期，土發公司的任務轉為處理戰後 1950 年代建成已經破舊的住宅。而土發公司的財政資源無法勝任這項任務，更在亞洲金融危機中破產。2001 年，新成立的市區重建局取代了土發公司，展示政府在政策上更大地回應巨大的市區老化問題。隨著 1960 和 1970 年代建成的建築物也日漸老化，問題變得更嚴峻。2001 和 2011 年政府分別制定了兩項城市更新戰略，確認以人為本的重要性，以及需要更全面和大規模的城市更新，即重建、復修及保育，總的目的是改善市區發展密度，構建帶動健康豐盛生活的城市環境。

然而在 2022 年，市建局經過五年的深入研究後，公佈了油旺區重建研究報告。報告就更新該區提出的建議，很明顯是以財政考慮為主軸，沒有令人欣悅的規劃遠象及通盤規劃，更未能為該區帶來上述的健康宜居城市環境。報告建議在現時已經高度擁擠的油旺區，推行進一步加強密度的重建計劃，這明顯地是遷就財務可行性的結果，而不是以解決當區城市老化問題為本。例如當中的優先項目「八文樓」，實際上是利用該項目位處核心位置的經濟利益，帶來正面的財政可行性。從長遠來看，這種做法是不可持續的，也不會達到市區更新的規劃意念及目標。香港必須更有魄力地投放資源，採取整體、創新和人性化的發展方向來進行市區更新，並仔細規劃一個實用而可持續的城市更新計劃，以促進社會進步和包容。

城規程序

香港城市規劃要帶來上述的典範轉移，一個開放、包容及能鼓勵市民共同參與的規劃程序是不可或缺的。公開、公平及公正的程序可確保不同的持份者可以共同表達、尋找、分享、調和，以達到共識的規劃願景、方向及方案。更重要的是在過程中能尊重個人價值觀、促進互動、彼此接納、構建共識及鼓勵共同創新。通過這些，城市規劃才能培養市民的公民意識、歸屬感和自豪感，以及精神上的滿足。因此公眾參與不僅是一個公開透明的規劃過程，它實際上有助於建設和諧、連繫的城市，提高生活質素，帶來豐盛的城市生活。

所有程序都需要因累積的經驗和社會情況來改進，這同樣適用於現行的《城市規劃條例》（城規條例）。然而在考慮修訂時，城規條例所蘊含的基礎理念和核心價值，卻必須受到保留甚至加強。城規條例在制定法定圖則的過程中蘊含著三個獨特的價值觀。首先，公眾有權就法定圖則（即大綱圖）的修訂向城市規劃委員會提出意見。這種權利是平等地授予所有市民的，不受偏袒。其次，城市規劃委員會對法定圖則的修改，包括其他人向城市規劃委員會提出的規劃建議，完全是公開的信息，所有市民都有權知悉。第三，市民有權在城市規劃委員會作出最終決定前，向委員會親述意見。現時法定圖則的制定過程符合國際趨勢所倡議的高透明和參與性的城市規劃過程，而且也依循法治和權利原則。

現時香港面對房屋供應的挑戰，而新發展區由規劃和工程研究，至開展基礎建設工程，至少需要 10 年的漫長時間，未能適時地回應社會

需要，確是當下一個困擾社會的問題。然而社會一般意見，卻都把問題歸咎於糟糕的城市規劃程序和漫長的公眾參與過程，這更促使政府提出精簡城規條例制訂法定圖則的程序，包括取消公眾公開聽證會的步驟。但這真的能對症下藥嗎？新區的規劃和發展實際上包含一系列法定和非法定的規劃、環境和其他工程程序，而法定的城規程序只是其中一項。經常被忽略的是，大多數法定城市規劃過程都能按城規條例的規定在 11 個月內完成，而那些需要 17 個月（《城市規劃條例》所允許的最大值）的其實是異常個案。要明確指出的是，其他非法定或行政程序，包括規劃和工程研究、諮詢公眾、區議會和立法會，以及為履行《環境影響評估條例》而進行的評估，通常都需要三至四年。如果發展涉及動用收回土地程序，更要再加上三至四年。明顯地，全面檢討上述的非法定及行政程序才是對症下藥，解決現時冗長的發展時間。而縮短城規條例所賦予的共同參與程序既不能治本，更同時抹煞了上述透過公眾參與規劃過程帶來豐盛的城市生活的契機。

最後，文章只能涉及有限的課題，作者期盼香港城市規劃能高瞻遠景亦兼顧實際，從全方位多走一步，為現在及將來的香港市民帶來豐盛的健康宜居城市生活。

（本文是作者的觀點，不代表其僱主或學會。）

註

1 盧惠明，〈從神學的空間轉向思考城市營造環境：《香港2030+》個案分析〉，《建道學刊》，第 55 期（2021 年 1 月），頁 91-132。
2 香港特別行政區政府，《香港 2030+：跨越 2030 年的規劃遠景與策略》最終報告（2021 年 10 月）及公眾參與文件（2016 年 10 月）。
3 "Superkilen/Topotek 1 + BIG Architects + Superflex", *ArchDaily*, October 25, 2012〈https://www.archdaily.com/286223/superkilen-topotek-1-big-architects-superflex〉(accessed 27 May 2022).
4 早在 1999 年，香港特區政府就三個新發展區進行顧問研究，包括古洞北、粉嶺北和坪輋／大姑嶺。然而，由於亞洲金融動盪和房地產崩盤，缺乏市場需求，該研究隨後於 2003 年中止。2008 年，針對新發展區的新一輪諮詢研究重新開始，包括粉嶺北、古洞北及洪水橋新發展區（New Development Areas）；元朗南及東涌東新市鎮擴展；新田／落馬洲及新界北新市鎮。
5 根據公佈的洪水橋及新田／落馬洲規劃，新發展區分別約提供 15 萬及 6 萬個就業崗位，而規劃人口則只有約 23 萬人。假設經濟參與率為 50%，這兩個新發展區將只有 11 萬 5,000 名勞動力，大大少於區內所提供的 21 萬個就業機會。因此，如果規劃中的大量就業得以實現，將大大有助糾正目前新市鎮的勞動人口每天需要從新市鎮趕到市中心，導致家庭和工作失衡的問題。

參考資料

Gorringe, T. J. *A Theology of the Built Environment*, Cambridge University Press, 2004.
------------------. "Salvation by Bricks: Theological Reflections on the Planning Process," *International Journal of Public Theology 2*, 2008: 98-118.
------------------. *The Common Good and the Global Emergency: God and the Built Environment*, Cambridge University Press, 2014.
Sandercock, Leonie. "Spirituality and the Urban Professions: the Paradox at the Heart of Planning," *Planning Theories and Practice*, Vol.7, No.1, March 2006: 65-97.
Sheldrake, Philip. *The Spiritual City: Theology, Spirituality and the Urban, Wiley Blackwell*, 2014.
"Superkilen / Topotek 1 + BIG Architects + Superflex", *ArchDaily*, October 25, 2012〈https://www.archdaily.com/286223/superkilen-topotek-1-big-architects-superflex〉(accessed 27 May 2022).
香港特別行政區政府，《香港 2030+：跨越 2030 年的規劃遠景與策略》最終報告（2021 年 10 月）

及公眾參與文件（2016 年 10 月）。

盧惠明，〈從神學的空間轉向思考城市營造環境：《香港 2030+》個案分析〉，《建道學刊》，第 55 期（2021 年 1 月），頁 91-132。

06

香港有城市規劃？
沒有！

規劃是一個過程，一個每一位使用空間
的人也有權參與的過程。

伍美琴教授
香港中文大學城市研究課程主任
香港亞太研究所副所長

八十年代初，香港大學設立城市規劃碩士課程。那時仍未有規劃署，城市規劃隸屬工務部門。雖然《城市規劃條例》誕生在 1939 年，但是規劃署是在 1990 年才成立，《城市規劃條例》也是到了 1991 年才開始覆蓋新界。當年香港規劃分為全港發展策略、分區規劃和地區規劃（包括法定圖則、發展大綱圖和詳細藍圖），按照《香港規劃標準與準則》制定各地理尺度的土地用途規劃。世紀之初，政府取消分區規劃，開始探索如何與珠江三角洲一起作區域規劃，如 2006 至 2009 年的「大珠江三角洲城鎮群協調發展規劃研究」和後來 2010 至 2014 年的「環珠江口宜居灣區建設重點行動計劃研究」。

雖然全港發展策略後來易名為《香港 2030》（2007 年出版）和《香港 2030+》（2016-2021），香港的規劃制度改變不大。城市規劃條例經歷十多年的檢討，最終在 2004 年作出了第一階段的改變（但政

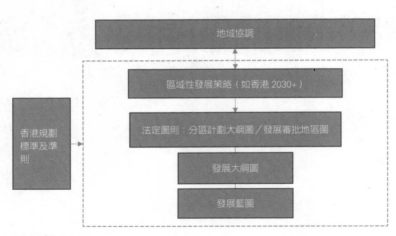

香港的規劃系統

府承諾的第二、三階段關於城市規劃委員會的組成和運作;特別設計區、環境敏感區和特定發展區的劃定;和第三方上訴／審查等應該是不會兌現了),讓市民可以多一點機會參與規劃,而不是把城市規劃看成只是發展商和城市規劃委員會之間討論和作決定的事情。可惜,根據政府最近的動作,由殖民時代開始已經有的,保障市民參與規劃城市的權利可能會被「精簡」甚至革除。

2021 年宣佈的《香港 2030+》,雖然提出把人均休憩用地由 2 平方米推高至 2.5 平方米,同時提升人均「政府、機構及社區設施」用地到 3.5 平方米和人均步行和騎單車用地到 6 平方米,但是具體如何實現仍未有路線圖。至於法定圖則,比之其他世界級城市,香港的規劃圖的土地利用分區比較粗疏,沒有仔細研發因地制宜的城市設計指引。加上《香港規劃標準與準則》原則上涵蓋全港,沒有因應各區社會、經濟、地理、生態環境的異同而提出不同的標準和準則。事實上,由於歷史原因,房屋發展的地積比和覆蓋率一般取決於建築物條例,進一步掣肘規劃師的工作。

由於這種規劃制度,香港新市鎮的外觀大同小異,與舊區大相徑庭。舊城區因為在「正規規劃」出現之前已經不斷進行有機發展,成為地區特色,可是一經重建,就會把由人民經年累月用每日生活經營出來的特色小區,變成天價樓房,大部分原住戶都得離開他們用「使用價值」所營建的家園。所以,重建變成「圈地」,這種「圈地」鮮有尊重原有的地方發展肌理和文化承傳,很容易把香港變成一個「區區撞面」的城市,十分可惜。而且過高密度的房屋和虧缺的綠化空間,也在在影響市民身心靈的健康。

上｜本土經濟方便民生，且充滿人情味。
下｜重建後的街道已經容不下本土經濟

所以我說香港沒有城市規劃。

筆者由一名規劃學生到成為規劃老師多年，看到香港的城市規劃實踐時，是感到十分唏噓的。因為香港的規劃欠缺與國際接軌的遠景，如對氣候危機的警覺，或對貧富懸殊的關注，對在地的生態和社會經濟知識亦欠奉，未能讓不同持份者及時參與規劃。規劃師亦鮮有走在前線去實現規劃內容，以致未能有適當的回饋機制，適時調整規劃圖則或標準與準則。所以香港的規劃不但沒有靈魂，而且缺乏生態及人民關懷。規劃師在還沒有了解地區生態或歷史文化時就制訂圖則的情況，時有發生。

細看《香港 2030+》，全本策略性規劃，沒有提及聯合國的可持續發展目標和城市新議程。這兩份可說是本世紀在規劃界最重要的文件，提綱挈領地提出規劃過程中不可或缺的願景、目標、內涵、路徑、管治模式等等。我們的長遠發展可否令所有香港居民活在一個地上水中都滿有生物多樣性，社會平等、和平、可以有尊嚴地工作的地方？《香港 2030+》雖然是有羅列土地預算，但流於籠統，沒有針對市區（人口密度約為每平方公里 36,000 人）、新市鎮（人口密度約為每平方公里 20,000 人）和鄉郊（人口密度約為每平方公里 1,100 人）不同發展狀況的策略，連如何落實土地預算也是缺欠的。

嚴格來說，明日大嶼和北部都會區都不是《香港 2030+》策略規劃的產物。《香港 2030》有東大嶼構想，但規模比明日大嶼小，從港英時代以還，政府都是以填海造地的方法，免去平整現有土地的麻煩和與土地擁有或使用者討價還價的功夫。《香港 2030》有北部走廊，

但北部都會區的誕生卻不是策略規劃的結果。海洋有生態和各種珍貴資源，而北區則有深厚的歷史和文化承傳，這兩方面對香港而言都十分寶貴，可惜相關的策略都未能在政府的規劃文件中讀到。

其實缺乏在地知識，可以說是香港規劃的「死穴」。沒有在地的生態和人文知識，政府只會「空降」一些可能對掌權者重要，但是在社區看來有點離地的方案。由於社區未及整理甚或不知道自己的「寶藏」（因為很多人以為舊區只代表落後，忘記了舊區裡面的人情味和歷史脈絡是要經年累月才可以練就的），也難招架政府要發展的大道理。所以在所謂「發展」的巨輪下，香港所損失的社會經濟環境資本不計其數。只可惜官員似乎只關心高聳大樓的拔起，而不是小市民被迫放棄使用日常城市空間的無奈和憤慨。

所以我說：香港有（以買賣價值為本的）城市規劃，但是未有以生態社區為本的城市規劃。

不過，這不代表香港不可以有尊重生態和以社區人文關懷為本的規劃。2021 年中文大學開展了「豐盛生命與可持續發展」的項目，介紹了聯合國提出的可持續發展目標和城市新議程，而且強調一個規劃完備的社區，可以提升市民的地方感（表 1）與幸福感（表 2），對社區有感情和歸屬感的人不但會得到身心靈的健康，還會更願意回饋社會。更重要的是，團隊提供了一個框架，讓市民可以在自己的社區裡面尋寶，去整理在地的知識，包括環境、人文、經濟活動和社區裡面的資源；還有社區的形態、活動和社區使用者的感知（表 3）。也列舉如何搜集、整理和分析資料，再作優劣機危的分析（表 4）和如何以設計思維（表 5）針對社區的痛點來營造社區。

Prosperity 繁榮

7 經濟適用的清潔能源
8 體面工作和經濟增長
9 產業、創新和基礎設施
10 減少不平等
11 可持續城市和社區

People 人類

1 無貧窮
2 零飢餓
3 良好健康與福祉
4 優質教育
5 性別平等

Planet 地球

6 清潔飲水和衛生設施
12 負責任消費和生產
13 氣候行動
14 水下生物
15 陸地生物

Peace and partnership 和平與夥伴關係

16 和平、正義與強大機構
17 促進目標實現的夥伴關係

聯合國可持續發展目標

制定國家級的城市政策 在政府內部和持份者之間互相配合	· 加強連繫，並支持創新和環保計劃 · 採取減少溫室氣體排放的行動，以應對氣候變化 · 採取無害環境的廢物管理方案，以及可持續地利用食水和自然資源
綜合的城市規劃和設計 完善城市的形態和建築環境	· 提高生產量，並促進為所有人提供良好工作 · 促進支持城市清潔和可持續出行的措施
更好的城市管治 容納城市的不同持份者並為其充權	· 增強城市的韌性，減少災害的風險和影響 · 推廣安全，無障礙和綠色的公共空間
有效和可持續的財政系統 加強公共財政結構和商界注資	· 為所有市民提供基本服務 · 確保所有市民都享有平等機會，不受歧視 · 不論其移民身份如何，應尊重難民、移民和國內流離失所者的權利
實行機制	不讓任何一個人、任何一個地方和任何一個生態掉隊

實行《新城市議程》的機制和承諾（資料來源：United Nations, 2017）

現屆政府強調以結果為目標，讀完這篇文章，希望讀者能夠明白規劃不只是規劃師去製造一張城市發展藍圖那麼簡單。規劃的目標是不讓任何一個人、任何一個地方和任何一個生態掉隊。這個地方應該可以讓人安居樂業，與大自然共舞，人們可以過低碳和關係富足的生活。還有的是，規劃是一個過程，一個每一位有份使用空間的人也有權參與的過程，因為在這過程當中我們會成長，學習與不同意見的人共處，建立正向的人際關係，一起為社區努力，實現自我，達至身心靈的健康。

（鳴謝：此研究項目由大學教育資助委員會（CUHK14613320）以及香港中文大學知識轉移基金、社會創新及創業發展基金資助。）

表 1：地方感

認知上的地方感	情感上的地方感	行動上的地方感
認知上的地方感源於一個人對周邊環境的觀感。這種認知往往會在不知不覺中塑造一個人的身份認同。	情感上的地方感泛指對地方的歸屬感。意即情感上與一個地方的人有正面的感情連結。	行動上的地方感推使一個人去犧牲自己的資源如時間去改善一個地方。
・ 認為地方能滿足需要 ・ 認為地方的可達性高 ・ 認為地方符合的自己個性 ・ 與鄰居有相似的價值觀 ・ 視自己為社區的一份子	・ 感到輕鬆和愉快 ・ 喜愛該地方 ・ 離開太久會想念的地方	・ 與他人有正向關係 ・ 與鄰居有共同的目標 ・ 享受參與地區事務 ・ 願意為地方投放時間和資源

資料來源：Ng et al., 2021.

表 2：幸福感

情感健康	社交健康	精神健康
・ 快樂 ・ 對生命感到興趣 ・ 滿足	・ 為社會有所貢獻 ・ 融合在社會中 ・ 實現社會價值 ・ 社會的接納 ・ 社會的凝聚	・ 自我接納 ・ 環境掌控 ・ 正向人際關係 ・ 個人成長 ・ 自主 ・ 生命意義

資料來源：Keyes, 2009.

表 3：在地知識的內涵

地球	人文	經濟	夥伴
大自然 ・ 自然環境 ・ 水體 環境質素 ・ 遮蔭與通風 ・ 光／噪音／空氣污染 ・ 碳排放 建成環境 ・ 建築物 ・ 開放空間 ・ 綠化	歷史 ・ 歷史 人口 ・ 人口特徵 ・ 居民的技能 文化 ・ 文化習俗 ・ 遺跡／遺產 社交互動 ・ 公共設施 ・ 社交節點 ・ 社區網絡和資本 ・ 凝聚力與信任 ・ 地方感與幸福感 出行 ・ 道路網絡 ・ 公共交通 ・ 易行度	・ 經濟活動 ・ 非正式經濟 ・ 工作地點或空間 ・ 商舖	機構與組織 ・ 社區組織 ・ 相關的政府部門 政策 ・ 相關區域／社區發展政策

形態	活動	感知
・ 年齡 ・ 大小和高度 ・ 佈局 ・ 外形 ・ 地點和分佈 ・ 暢達度	・ 類型和功能 ・ 質素 ・ 保養程度 ・ 使用者類別 ・ 使用者數量和流量 ・ 空間內進行的活動 ・ 空間內的社交	・ 舒適度 ・ 滿意度 ・ 喜歡的程度 ・ 感覺和感情

資料來源：豐盛生命與可持續社區實驗室團隊，2021。

表 4：在地知識的搜集

第一手資料	
田野考察	研究人員親自訪問地方，並通過表格、文字或照片記錄不同方面的特徵。
問卷調查	研究人員使用網上或實體調查收集相關人士的主觀意見。通過簡單的分析，我們可以了解意見的整體趨勢。
深入訪談	研究人員採訪個人或相關人士，了解他們的日常生活、他們與該地方的互動方式以及對社區問題的看法。

第二手資料		
地圖	網上地圖提供 2D／3D 地理信息和興趣點，適合收集空間數據。	Google 地圖： https://www.google.com/maps 中原地圖： http://hk.centamap.com/ 地理資訊地圖： https://www.map.gov.hk/ 香港歷史地圖： http://www.hkmaps.hk/
人口普查數據	2016 年人口普查提供區議會和街道街區的人口特徵。	2016 人口普查 2016： https://www.bycensus2016.gov.hk/ 2016 人口普查（中原地圖）： http://census.centamap.com/en-US
規劃相關資料庫和文件	政府的網上數據庫提供官方資料，例如法定土地使用規劃。	法定規劃綜合網站： https://www2.ozp.tpb.gov.hk/gos/ 香港私人大廈電腦資料庫： https://bmis1.buildingmgt.gov.hk/bd_hadbiex 香港規劃標準及準則： https://www.pland.gov.hk/pland_en/tech_doc/hkpsg/index.html
氣象和污染資料	可以檢索區域的溫度、風和污染數據。	天文台： https://www.hko.gov.hk/ 噪音污染： https://www.epd.gov.hk/epd/misc/noisemodel1/CDROM_L10/HKSAR/road/L10d4m.html
網上搜尋	使用關鍵字快速蒐集資料。	Google 搜尋： https://www.google.com/ Google 學術搜尋： https://scholar.google.com/

多維度剖面分析				
休憩空間	建築環境	文化與文物	公共交通	鄰里剖析

優劣機危分析	
內部分析 強項：可以使地方蓬勃發展的特徵 弱點：不利或阻礙地方發展的特徵	外圍環境 機遇：讓地方擁有發展機遇的周邊環境因素 威脅：周圍環境可能影響地方發展的因素

資料來源：豐盛生命與可持續社區實驗室團隊，2021。

表 5：設計思維

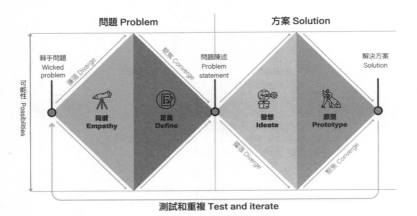

資料來源：修改自 ThinkFresh Group, 2018; Hong Kong Design Centre, 2018

| 城市規劃 |

參考資料

Hong Kong Design Centre (2018). What is design thinking? Retrieved from https://www.unleashhk.org/what-is-design-thinking/.

Keyes, C. (2009). Brief description of the mental health continuum short form (MHC-SF). Retrieved from http://www.sociology.emory.edu/ckeyes/.

Ng, M.K., Yeung, T.C, Kwan, M.P., Tieben, H., Lau, T.Y.T., Zhu, J. and Xu, Y. (2021). Place qualities, sense of place and subjective well-being: a study of two typical urban neighbourhoods in Hong Kong, *Cities & Health*, DOI: 10.1080/23748834.2021.1993038

ThinkFresh Group (2018). Design Thinking in Planning & Urbanism: A Human Experience Approach [presentation slides].

United Nations (2017). *New Urban Agenda*. Retrieved from https://habitat3.org/wp-content/uploads/NUA-English.pdf.

United Nations (2015). Sustainable Development Goals. Retrieved from https://sustainabledevelopment.un.org/?menu=1300.

豐盛生命與可持續社區實驗室團隊（2021），《豐盛生命與可持續社區》，香港中文大學：香港中文大學知識轉移基金、社會創新及創業發展基金。

07

論城市設計

在將來的城市發展中加入城市設計，
為必要的考慮項目，政府應主動積極
引入城市設計專業人才，在過程中出
謀獻計和落實執行，締造更高質素的
城市景觀。

鄧文彬教授
香港城市設計學會前會長

每個城市都有自己的形象和身份，代表著它的地方、人民和治理水平。在過去的幾十年裡，香港和珠江三角洲一直是城市化的實驗室。快速的城市增長、大規模的人口流入和新政策導致了新的城市形態，但也加劇了環境惡化和社會失衡。城市設計在香港是一個越見普遍的技術用語，代表了不同時期不同人心中對城市環境的不同價值觀。其實，在過去的幾十年裡，城市設計多多少少已被納入香港的發展議程，從以往工程效率為優先，幾乎看不見任何城市設計的考慮，到最近大家聚焦關注的宜居性和可持續性的城市設計訴求；以及從以前由政府主導城市設計，後來加入了公眾諮詢，到最近的公眾參與，甚至是公眾介入。如果城市設計能夠建基於一套清晰的價值觀，整合有關生態、經濟、美學、健康和社會問題的考量，便可以在創建更宜居和可持續的城市方面發揮重要作用。

本文試圖回顧政府和民間在推動城市發展中考慮城市設計以及政府與民間的互動方面所做的工作。希望在政府政策、組織架構、法例管制、政策倡議以及與民間互動方面，提取出一些成功元素，為提升香港的宜居性和可持續性作日後參考。並希望就著一些成功案例給社會大眾與政府以後借鏡，從而更有效地互動合作，令香港環境更宜居和可持續發展。

發展之初：效率為先

在 1997 年香港回歸之前，人口一直保持高速增長，城市發展起初主要是為了盡快滿足市民日常生活的需要，尤其是在住房方面，因此效率是重中之重。例如以最快的貨物和人員流動為目標的運輸；以最快、

最經濟的方式建造房屋。直到八十年代後期，城市設計才被正式納入政府在發展方面的考慮範圍，以應對民間對城市景觀、宜居性和可持續性愈來愈多的關注，以配合社會經濟和環境因素的發展。

1997 以前：都會計劃（Metroplan）— 政府初始和主導的城市設計

1991 年的都會計劃開啟了重要的城市設計研究里程碑。這研究建議包括了都會區景觀框架、土地規劃和建築高度指南等。最值得注意的建議是提出了從海港對面的海平面觀察時，要保持 20-30% 的山脊線能見度，以期望最能代表香港形象之一的太平山輪廓可以持續不受新增的高層建築破壞。

1997：海港保護條例 – 公眾介入

保護海港

過去的一個世紀，香港在不斷地演變。先從漁村轉變成為轉口港，繼後成為工業城市，再發展成為今日的國際大都會。在這進程中，填海工程為香港的經濟、運輸、房屋及社會等方面的需要提供了土地。隨著時代變遷，社會各界對無止境的填海工程日益關注，更發出了強烈的反響，要求積極保護海港。保護海港協會於 1996 年提出一項條例，並於 1997 年 6 月 27 日通過該法案，以限制維多利亞港水域的填海造地。「海港將作為特殊公共資產和香港人民的自然遺產予以保護和保存，為此目的，應推定禁止在海港進行填海。」這是社會各界通過

保護重要公共領域，塑造更吸引的城市景觀及形象的一項重大舉措。
此後，政府和社會各界都意識到改變既往發展習慣的需要，更加關注
和努力提升城市設計的方方面面。

1997 後：「海港」– 公眾參與

2004：共建維港委員會 – 由民間發起的組織

市民大眾希望有一個公開的平台，去討論及落實保護海旁發展的各項
措施，並認為這些討論應包括土地用途、設計、海旁的易達性及其他

管理事宜。在這理念下，一班志同道合的社會人士在 2004 年成立了共建維港委員會，務求集思廣益，使各界能夠達成共識，締造朝氣蓬勃的海旁，供大眾享用。

2010：海濱事務委員會 – 由政府成立的積極諮詢組織

共建維港委員會發揮了很積極的集思廣益作用，在社會推動下，政府考慮了不同的諮詢組織方案，以期發揮最大的效果，於是政府在 2010 年成立了海濱事務委員會，用意是在構想、規劃、城市設計、發展、市場推廣、品牌建立、管理及營運海濱用地、海港範圍內鄰近

水域及相關設施方面，持續無間地擔當倡導、監察及積極的諮詢角色；統籌及監督海濱規劃、城市設計、發展及管理，以確保能有效整合這些主要範疇的工作。海濱事務委員會以「先駁通、再優化」的策略以最快速度駁通海濱長廊，當成果被大眾接受後，便更容易在共識下進行優化，避免了以往漫長討論或議而不決的僵局。正如循序漸進，由最初的「可拆式欄杆設計」和「斜坡海堤石壆設計」，再嘗試「無欄杆防波堤」，到最近期在水上運動及康樂主題區採用很受市民歡迎的「梯級式沿岸設計」，讓市民可在不受遮擋的情況下，以另一角度欣賞香港迷人的海濱。這個過程就像實驗，也開創了由民間主導城市設計及實踐的極佳案例，作為日後參考。

政府倡議

城市設計指南

2005 年，城市設計指南被納入規劃標準和指南，旨在提高公眾對設計考慮的認識，並為城市設計評估提供廣泛的框架。這些指南僅供參考，不具法律效力。由於此指南已訂立近 20 年，時移世易，社會醞釀了新的價值觀，有需要有系統地徹底檢視現行指南的不足，切合環境（自然方面、鄰里特徵）、對行人友善的系統和網絡（步行性、高效多層連接）、引人入勝的公共領域（有吸引力的開放空間、易達的海濱、有吸引力的街景和街道設施）和以人為本的建築環境（人性化的比例、可持續建築環境）。據知，政府已就此聘請顧問並諮詢香港城市設計學會，去制定新一輯的城市設計指引，作日後應用。

2009：保育中環 – 文物遺產之保護和再利用

當香港於 1841 年被英國殖民時，現稱「中環」的一帶，發展首先由軍事設施和行政中心開始，隨之是商人和傳教士，中環漸由小漁村開發成轉口港、製造業中心、服務業中心，以至今日的國際大都會和環球金融中心。中環在香港的發展過程中一直擔當政治、法律、軍事、商業、金融、教育、文化、旅遊、宗教和生活的中心樞紐。儘管宏偉奪目的高樓大廈不斷落成，不少昔日的建築和特色仍獲得保留，融合為今日獨特的中環風格。公眾對保護該中環風格的呼聲愈來愈高，導致了特區政府在 2009 年宣佈「保育中環」計劃，以提升中環海濱的吸引力，促進歷史建築物的活化和再利用。更值得注意的是由大館（警署／法院／監獄三合一）、元創方（前已婚警察宿舍）和中環街市組成的「文化三角」，穿插於遍佈藝術畫廊、古建築物和文物的城市肌理中。社會普遍認同和讚賞保育中環的倡議，因為政府願意放棄以傳統方式在高地價的預期中賣地發展，反而回應了社會對城市空間的紓壓要求，保留建築原有歷史面貌和回憶，並注入新的文化元素，以活化及配合周遭環境和市民所需。

2010：環境可持續性

2010 年，可持續發展委員會引入了可持續設計指南，以促進高質量和可持續的建築環境。香港綠色建築委員會隨後對新建築實施 BEAM Plus（綠建環評）標準，引領環保建築設計，後來更將此標準擴展到社區設計。政府連同環保及建築業界更將此標準納入行業指引，並提供不同的誘因去鼓勵創造可持續的建築環境。

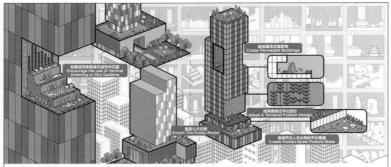

城市設計指南

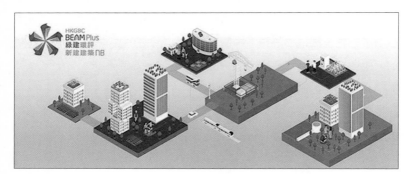

綠建環評

2011：公共開放空間質量

公共開放空間是城市設計的重要組成部分。政府頒佈了《私人發展項目中的公共休憩用地設計和管理指南》，以確保公眾使用的優質休憩用地。設計指南提供了一個基於連通性、適當性和質量原則的良好設計框架；還有管理指引，鼓勵非商業或慈善活動，以及有限的商業活動（如露天用餐）適切地為該地區帶來活力。

2016：《香港 2030+》

2016 年，規劃署提出了《香港 2030+：跨越 2030 年的規劃遠景與策略》，對宜居高密度城市的規劃和城市設計，概述了一個雙管齊下的方法。新開發區的優化除了改造密集的城區外，還包括：以鐵路交通為基礎的緊湊型發展模式、日常生活設施的有機組合、親近自然的城市生活、智慧、綠色和具彈性的空間使用等；舒適和健康的行人環境、適合老年人的街道和開放空間，結合自然特徵、多樣性、歷史文物遺產、文化等元素，通過鼓勵和促進健康生活的積極設計。

政府設立的專職發展辦公室

2010：啟德辦事處 – 城市設計突破

啟德辦事處於 2010 年成立，為城市設計帶來突破。

1. 啟德發展的大綱圖和城市設計方案，在零填海的大前提下確立了發

展圖則，但仍有不足之處。例如把前跑道的海岸邊設定為行車道，被批評為違反親水文化的共識。啟德辦事處擺脫以往以工程效率為優先的思維，代之以人性化的城市設計考量進行檢討。

2. 啟德辦事處將原先的海濱行車道規劃為行人專用海濱長廊，解決了市民心目中關鍵價值之「將人帶到海港，將海港帶給市民」。背後的方法是以略低的車速限制，減少車輛所需的路面，將原先跑道兩邊的車路面積合二為一，放置在跑道的中央位置，海濱的路面便可以完全留給行人專用。

3. 面向主廣場的店面，在賣地條件中要求遵循一套設計參數，形成具顯著舊區建築特色的柱廊外觀，與毗鄰的舊區象徵性地聯繫起來，同時柱廊可有效遮擋香港常有的猛烈陽光和多雨水的氣候問題。

4. 在行車路旁推行綠化，取代了常見沉悶的欄杆，讓環境綠化美觀之餘，也兼具行車與行人安全所需的屏障功能。

2012：起動九龍東辦事處 – 地方營造

啟德辦事處專注於更貼近市民所需的城市設計，增強了與市民的溝通並達成共識，兩年後政府組成跨專業團隊，設立起動九龍東辦事處（EKEO），將跨地方營造（Place-making）的方向聚焦城市形象的更新，注入品味設計元素和時尚的活動，將九龍東區從過去的工業區振興為新的核心商業區。

起動九龍東辦事處

2018：鄉郊保育辦公室——城鄉共生

隨著城市化程度愈來愈高，村莊、自然美景和生態的寶貴資產已經逐漸褪色。政府於 2018 年成立鄉郊保育辦公室，以鄉村振興和自然保育為手段，實現城鄉共生。這需要社區參與，通過政府發起的小型改善工程以及對學術界和非牟利機構的資助，與村民一起努力。政府預留 10 億元資金，進行相關的保育、活化工作和小型改善工程。當中一半資金（即 5 億元）成立鄉郊保育資助計劃，支援本地非牟利機構和村民互動協作；餘下 5 億元進行合適的小型改善工程，及復育鄉郊現有建築環境。

專業行動－城市設計中的教育和倡議

2002：香港城市設計聯盟

城市設計是一門跨專業的學科，融合了規劃、土地使用、建築設計控制、激勵政策以及街景設計等多方面的考慮，涵蓋社會、經濟、生態和美學。然而，建築師、城市規劃師和景觀設計師的核心工作，也涵蓋了不同規模和程度的這些考慮因素。正是這種專業界限的模糊，使得「城市設計」難以歸類於官方專業框架下，在社會上提出相關話題時，缺乏各專業學科的關注和齊心協力。2002 年，香港建築師學會和香港規劃師學會共同成立一個專責小組，稱為香港城市設計聯盟，目的是集中、協調研究和倡導城市設計的工作。當中最受關注的話題是啟德發展的城市設計，香港城市設計聯盟發起城市設計比賽，為更好的啟德徵集創意。

| 城市規劃 |

上 | 荔枝窩（圖片來源：Countryside Conservation Office, Environment & Ecology Bureau）
下 | 元朗明渠（圖片來源：Thomas Chung）

2010：香港城市設計學會

隨著專業會員對城市設計愈來愈感興趣，香港城市設計學會於 2010 年成立，其核心會員由與香港城市設計有相關的專業團體的現有成員組成，旨在通過認證、討論、倡議和教育來促進城市設計。

認證

為了在發展過程中將城市設計主流化，香港城市設計學會認可了香港大學和香港中文大學的城市設計碩士學位課程，希望這些課程的畢業生能夠被政府和城市發展相關的機構聘用，令城市設計的質素繼續提升。

集體倡議行動

關於地方事務的討論，有時會發展成為公眾關注的話題。2018 年，香港城市設計學會與香港建築師學會、香港規劃師學會、香港園境師學會和香港測量師學會聯手成立專責小組，反對政府的元朗行人天橋發展計劃。專責小組從視覺、景觀破壞和空氣流通等城市設計的要素考慮，認為該計劃不可接受。它引起了媒體的廣泛關注，最終政府在尋求立法會最終批准撥款的前夕，放棄了行人天橋的提議。

展望

城市設計可專業化、主流化，在將來的城市發展中加入城市設計，為

必要的考慮項目，政府應主動積極引入城市設計專業人才，在過程中出謀獻計和落實執行，締造更高質素的城市景觀，避免以往工程主導和效率優先的思維，令城市的空間環境設計符合公眾期望，即人性化、宜居、健康環境、長者友善、易行、單車友善、城鄉共融、可持續性和應對氣候變化等種種要求。

08

鄉郊保育：
回顧與展望

對香港鄉郊保育的展望，不只是專注於維護郊野或監察自然環境，而是要邁向人本主義的理想，確保下一代均可受惠共享。

鍾宏亮
香港中文大學建築學院副教授

攝影：Miriam Lee

香港得天獨厚，城鄉郊野在咫尺之間，從市區到郊野公園和海灘只需半小時車程。近年，因新界眾多新發展項目及香港總體房屋和土地供應的種種問題，社會更多關注自然環境與鄉村復育的關係，以及城鄉共融等議題。本文概述香港鄉郊保育的進程，回顧戰後郊野公園的成立、新界地區土地規劃、自然環境保護的歷程；再探討近年政府與民間團體積極探索鄉郊保育的策略和行動，當中涉獵多方協作與多元範疇——生態、環保、建築、人文、藝術、旅遊等綜合地景的考慮，以及展望一種塑造城鄉共生願景和人本保育過程的萌芽。

郊野保護與規劃

有關自然保護，早在 1937 年香港已設有《林區及郊區條例》，禁止在任何有樹林的官地上做破壞自然環境的行為 [1]。二戰後，港英政府為了確保本港供水量，成功進行了大規模植林以鞏固水塘集水區周邊的土地和植被。直到 1960 年代，香港迎來鄉郊保育政策轉變的關鍵。香港政府於 1965 年邀請國際專家顧問來港實地考察，研究報告中提出多項建議，包括成立類似東南亞國家公園的保護區和遊樂區，充份反映當時本地學者與團體多年來的訴求 [2]。當時香港人口已由戰後 60多萬急升至接近 400 萬，人口結構偏向以年輕一代居多，以致對於戶外康樂活動場地需求大增。1968 年由政府委派的臨時委員會再發表《郊野與大眾》報告，促請政府盡快推出確立鄉郊政策並成立永久「郊野議會」[3]。

經過數年政策研究醞釀，港府終於在 1976 年頒佈《郊野公園條例》[4]；其後三年劃定了本港九成多郊野公園位置，並設立保護區圍繞水塘分

水嶺、高地及海岸線等地區。政府成立郊野公園主要目的不僅為了控制城市化範圍與保育自然環境，同時也給市民提供戶外康樂和教育設施。1969 年在香港大學舉行的《發展與保育鄉郊》國際會議，學者強調因香港土地資源珍貴，「城鄉規劃必須要精心整合，以最大限度地利用自然資源」[5]。可見當時學界已意識到郊外作為人口稠密的市區的喘息空間以及感官解脫的重要性，致力關顧與珍惜大自然的寶貴資源。到 1970 年代末，郊野公園的成立確立了有系統的保護郊區環境，亦因廣受市民歡迎而被視為政府的一項德政[6]。

現時香港有 24 個郊野公園[7]連同 22 個特別地區（SA），合共佔地超過 44,300 公頃，佔香港土地總面積約四成[8]。而涉及鄉郊地區的土地用途類別則被區分為自然保育地帶（Conservation area）、綠化地帶（Green belt）和具特殊科學價值地點（SSSI）。這幾類土地都因保護生態環境而受較嚴謹的規管，當中有不同程度的限制。另外，除了可讓村民居住及修築村屋建築的鄉村式發展區（V-zone）和種田的農業用途（Agricultural），還有郊野公園範圍內或毗鄰的「不包括土地」（Enclave）。

這些不被《郊野公園條例》規管的多是私人村地，原意是讓村落和農田與郊野公園共融，並保障新界原居民及土地業權人的合法傳統權益，其中包括興建由 1972 年通過的《小型屋宇政策》而衍生、俗稱「丁屋」的小型屋宇的權利。然而，這些「飛地」村落荒廢後都被重新融入大自然，生態價值隨之變高。從「不包括土地」引發的爭議中，可見香港鄉郊保育的複雜性，當中牽涉原居民身份及其他既得利益者土地權益、環保團體協助監察與反映訴求、政府介入與政策調整。

谷埔五肚（攝影：Jimmy Ho）

近十年最矚目的郊野公園「不包括土地」事件，可算是 2010 年 7 月在西貢東大浪西灣被揭發大規模非法開墾的一幅私人土地。經眾多環保團體及公眾的努力後，政府為大浪西灣制訂「發展審批地區圖」，其後更納入郊野公園範圍。政府亦因此主動承諾把其他「不包括土地」納入郊野公園被官方管轄。

自然保育歷程

其實在 1990 年代，香港社會的環保意識漸趨成熟。對具有重要生態價值的私人土地範圍，2004 年的「新自然保育政策」（NNCP）亦有針對性加強保育，包括有自然保育管理協議計劃（MA）和公私營界別合作計劃 （PPP），尤其利用各種補償如換地或誘因及資助去

沙頭角鳳坑（攝影：鍾宏亮）

鼓勵業權人進行保育。而 12 個優先保育地點中，米埔、沙螺洞和望原是本地自然保育歷史上比較重要的里程碑 9。

米埔自然保護區是香港自然保育的經典，位於內后海灣約 1,540 公頃的濕地生境，以紅樹林、潮間帶泥灘、沿岸蘆葦叢、基圍蝦塘及魚塘聞名，不但有豐富的生物多樣性，亦是數以萬計候鳥遷徙的重要中途站。米埔從 1950 年代被列為邊境禁區，1979 年定為 SSSI，到 1983 年由世界自然基金會香港分會負責管理其中 380 公頃，及 1995 年按《拉姆薩爾公約》成為國際重要濕地，米埔 40 多年的保育成績有目共睹。而 2006 年開幕、鄰近佔地 61 公頃的香港濕地公園，位於天水圍以北，更是提升原規劃的生態紓解區，突顯香港濕地生態系統的多樣化，同時集合自然保育、公眾教育和生態消閒於一身的設施。米

埔周邊還有緩衝作用的「自然保育區」如南生圍、大生圍和豐樂圍，近年亦有修復及保育濕地與發展並存的私人住宅項目公佈，毗鄰的和生圍亦有人工濕地生境復修與保護，這些均屬長遠保育濕地的新嘗試。

沙螺洞是另一以自然生態主導而有代表性的保育案例。位於大埔九龍坑山的沙螺洞面績約 56 公頃，是罕見的山谷淡水濕地，擁有多樣的生境如風水林和「具重要生態價值河溪」，孕育了不少稀有和瀕危物種，亦被譽為「蜻蜓天堂」，極需要積極的保育管理。沙螺洞高地河谷裡也有幾百年歷史的客家村落，1970 年代村民相繼遷出，農田荒廢後轉化為淡水濕地。1980 年代起，有發展商以原地建新屋為條件向村民收購土地。輾轉 20 多年，沙螺洞的歷史和生態價值持續受到關注和認可，包括列為須優先加強保育地點，張屋更於 2009 年被評為二級歷史建築等。可惜這片特殊的濕地曾遭野戰和越野車愛好者非法闖入，損毀建築與生境，部分村民也曾發起「復耕」令水田和濕地乾涸，損害濕地生態；2015 至 2016 年間，有村民種植油菜花吸引遊人打卡，亦對生態環境造成破壞。2018 起，一直積極關注沙螺洞的綠色力量在沙螺洞展開政府資助的管理協議，保育沙螺洞生境及生物多樣性。經過多年和發展商磋商，政府終於在 2022 年 7 月完成非原址換地程序，以長遠保育沙螺洞。

塱原濕地有「米埔第二」之稱；2000 年由興建港鐵落馬洲支線而起的「拯救塱原」事件，可能是香港生態保育史上最受公眾關注的個案。上水塱原含有香港現存面積最大和最完整的持續耕作的淡水濕地，1970 年代轉為濕耕種植西洋菜和通菜前，主要是種植水稻。當時港鐵兩次申請興建延伸到落馬洲橫跨塱原的架空車橋被拒，成為了環境

墾原（攝影：Miriam Lee）

塱原（攝影：Miriam Lee）

保護條例成立後唯一不獲通過的環評報告。受到社會各界、多個環保團體反對及環保署否決，港鐵最終擱置原訂計劃，改為挖掘地下隧道通過濕地，竣工後於 2007 年通車，塱原亦藉此揚名世界[10]。2005 年長春社與香港觀鳥會展開了「塱原自然保育管理計劃」，嘗試與當地農民合作種米來吸引早年極度瀕危的禾花雀，其他雀鳥種類出沒率亦得以大大提升。2013 年在新界東北發展計劃下，塱原核心地區約 37公頃土地被劃為「自然生態公園」，以補償因新發展區開發而損失的濕地。2019 年政府收地後項目工程展開，將公園分成三區，分別有

生態區延續濕地保育與提升生態價值、農業區讓農戶作生態友善耕作，以及遊客區推廣公眾生態教育。

多元鄉郊，綜合地景

除了寶貴的自然生態需要保護，香港多處瀕於荒廢的偏遠鄉郊，蘊藏豐富的建築和人文資源，值得復育。2017 年施政報告提出城鄉共生，翌年鄉郊保育辦公室（鄉郊辦）成立，負責統籌郊野公園以外的鄉郊環境保育及其村落活化，首先以沙螺洞和荔枝窩為重點復育項目，以促進偏遠地區可持續發展。這可視為積極的鄉郊保育政策，一邊協調有關部門及支援非牟利機構與鄉村持份者互動協作，一邊研究合適的小型工程，從而改善偏遠地區基礎設施 [11]。近年荔枝窩和鹽田梓兩個案例，著重透過多樣資源推動村民與民間力量持續協作，開拓了更靈活和多元的綜合式鄉郊地景保育。

荔枝窩，新界東北沙頭角慶春約七村之首，擁有 300 多年客家圍村文化及極高生態價值，鄰近印洲塘海岸公園，並在世界地質公園範圍內 [12]。荔枝窩村採用九橫三直佈局，依山而建，1950 年代全盛時期村屋 200 多間，居民近千，飽覽漫山梯田。1960 年代起，村民相繼離開，遷往城市或移居海外，導致農田荒廢、村落衰敗。唯獨十年一度的慶春約太平清醮，離鄉多時的村民均會回來參與，十分熱鬧。2013 年，由長春社與香港鄉郊基金發起、香港大學參與、企業推動的「永續荔枝窩計劃」推行復耕，吸引部分村民回村，注入新農戶，村屋復修也獲部分村民支持。2015 年以「農林間作」保留田間大樹而種植耐陰的咖啡樹，是既保育生態又可復興農產社區的新嘗試。

西貢鹽田梓（攝影：Miriam Lee）

2020 年，荔枝窩榮獲聯合國教科文組織首屆「可持續發展貢獻獎」[13]。到 2022 年，村屋修復轉化為民宿終獲階段性成功，並有各種配套陸續推出，荔枝窩已成為在地旅遊的新亮點及可持續鄉郊復育的典範。

西貢鹽田梓（亦作鹽田仔），透過復修、保存及肯定一個有近 300 年歷史、融合了天主教和客家文化的偏遠小島的文化價值與特色，再利用多元旅遊體驗為主打，成為鄉郊復興手段的成功案例。1998 年最後一戶村民遷離後 [14]，島上 1890 年建成的聖若瑟天主堂於 2004 年初獲教會捐助，啟動復修工程。教堂修繕項目和其後島民與保育人士共同籌劃的鹽場活化項目，分別於 2005 及 2015 年榮獲聯合國教科文組織頒發亞太區「文化遺產保護優異獎」和「文化遺產保護傑出

沙頭角慶春約梅子林（圖片提供：中文大學建築學院）

獎」。2019 年，政府撥款旅遊事務署籌辦「鹽田梓藝術節」，為期
三年，旨在透過藝術創作結合宗教、文化歷史及生態教育，把鹽田梓
塑造為開放式博物館，促進本地鄉郊旅遊發展[15]。2022 年，第二個
三年計劃「西貢海藝術節」把範圍擴展到鄰近島嶼橋咀洲、滘西洲及
糧船灣，嘗試將藝術體驗結合島民故事以及生活傳承、低碳遊和公眾
參與等題材。

邁向人本保育與城鄉共生

繼荔枝窩後，鄉郊辦嘗試推動放射式復育效應，將部分資源集中於鄰
村梅子林及蛤塘，包括資助兩個管理協議及其他項目，旨在連線「梅

上｜水口泥灘濕地（攝影：Kenny Cheung）
下｜大嶼山爛頭營（攝影：Miriam Lee）

荔蛤三寶」穿村體驗[16]。另外，鄉郊辦亦致力探索改善偏遠鄉村的水、電、渠、交通等基建，安裝生態及家庭友善智能環保公廁，及制定鄉郊專用牌照[17]。鄉村應用智慧科技方面，2021 年鄉議局聯同環團探討「智慧鄉村」先導計劃，未來措施包括遠程康復治療平台系統、穩定偏遠地區網速、提早偵測山火及樹木倒塌等方案，令鄉郊生活得以改善，活化鄉郊。

鄉郊保育在政府兩大長遠規劃《北部都會區發展策略》和《可持續大嶼藍圖》裡，也扮演重要角色。前者採納積極保育政策，於都會區西面建立濕地保育公園系統、中部加強保育大面積魚塘、坐擁豐富自然和人文資源的東邊則發展生態旅遊。後者由 2017 年成立的可持續大嶼辦事處負責統籌、規劃和推行一系列貫徹大嶼山「南保育」的策略，透過基金資助以大澳、水口和貝澳為先導地區的自然保育及教育、活化舊鄉村建築、推廣生態及文化旅遊等鄉郊保育工作。

2022 年 7 月更新的規劃標準與準則（HKPSG），制定了自然及文物保育範疇的四項原則：劃出保育地帶、地帶內只可作有助保育的用途、確保地帶毗鄰土地用途互相協調及劃出新的保育地帶以補償因發展而失去的範圍。附帶的文物保育政策聲明更包含對本土活動、風俗及傳統的尊重，以及其鄉郊環境的適切保護和活化更新 [18]。以上的舉措對香港鄉郊保育的進程似乎都有正面影響。長遠規劃願景的制定，政策及土地用途準則的調整，反映對自然及文化保育愈趨更廣義和透徹的演繹，而實際執行上如偏遠鄉郊計劃的推行、基建的完善及智慧科技的引入也能看到扎實的復育方向。

未來，希望政府能更多策略性創新及跨部門協調，去理順鄉村與市區的差異和鄉郊本來的複雜性。同時，民、商、官、研等多方也需要共同探索，商討達至兼容共識，共同承擔與實行持續協作，增進效益。對香港鄉郊保育的展望，不只是專注於維護郊野或監察自然環境，而是要邁向人本主義的理想，鼓勵村民回流及有志生力軍投入共創生計，復育鄉郊生態、人文和建築環境，營造更多元及綜合、更有內涵而可持續再生的鄉郊地景，確保下一代均可受惠共享。

註

1 如砍伐樹木，生火等（第 96 章）。

2 邀請國際國家公園委員會專家戴爾博博士和夫人（Dr. Lee M. Talbot & Martha H. Talbot）來港調查及提交報告。見 L.M. Talbot & M.H. Talbot (1968) "Conservation of the Hong Kong Countryside, Summary Report and Recommendations", Agriculture and Fisheries Department, Government of Hong Kong.

3 見 Hong Kong Government (1968) "The Countryside and the People, Report of the Provisional Council For the Use and Conservation of the Countryside", June 1968, Hong Kong Government Printer.

4 此外，並成立郊野公園委員會，現稱郊野公園及海岸公園委員會。

5 B. Lofts 教授在「鄉郊發展與保育」國際會議開幕致辭，香港大學 1969 年 3 月 15-22 日。

6 見饒玖才、王福義（2021），《香港林業及自然護理：回顧與展望》，第 5 章，天地圖書有限公司。

7 建議中將會成為第 25 個郊野公園的紅花嶺郊野公園，未定案地圖於 2022 年 12 月 2 日刊憲。

8 包含五個海岸公園、一個海洋保護區和三個生態重要的限制地區。

9 12 個優先保育地點排行，分別為米埔拉姆薩爾濕地、沙螺洞、大蠔、鳳園、鹿頸沼澤、梅子林及茅坪、烏蛟騰、塱原及河上鄉、拉姆薩爾濕地以外之后海灣濕地、嶂上、榕樹澳及深涌。

10 這不單是香港自然保育的一個重要里程碑，事件更獲得國際的關注及讚揚，並在 12 月 18 日的《時代雜誌》被列為千禧年全球五大最好的環境新聞。

11 政府已預留 10 億港元讓鄉郊辦進行相關的保育工作及活化工程。當中一半金額（5 億元）用於鄉郊保育資助計劃，另一半進行小型改善工程。並有鄉郊保育諮詢委員會就政策、計劃審批和運作提供意見。

12 荔枝窩村是新界東北地區歷史最悠久、最具規模及保存最完好的客家圍村之一，由曾、黃兩姓攜手共建。荔枝窩也是慶春約七村聯盟昔日教育、經濟與傳統慶賀活動的基地，鄰近六村包括梅子林、蛤塘、鎖羅盆、小灘、牛屎湖和三椏村。村莊四周自然環境一直得到良好保護，生態環境類型豐富，生物多樣性極高。

13 獲獎單位香港大學公民社會與治理研究中心，繼續荔枝窩的永續鄉郊活化項目，與各持份者持續溝通，嘗試注入生態農業和環境藝術等新創意，期望能在村中開展永續生活的日常，邁向永續鄉郊社區。

14 鹽田仔村原居民客家陳氏在島上定居後，以曬鹽及捕魚為生，早年島上住有 200 多人，據說全盛時期有 1,200 多人口。1864 年，天主教傳教教士於鹽田仔傳教，兩年後，陳氏家族眾人受洗，並捐出土地以興建小教堂及學校，同時以聖若瑟作為鹽田梓的主保聖人。鹽田仔村成為天主教在香港的主要發源地之一，因而有「教友村」稱號。

15 近年村民積極推動宗教文化生態和簡樸生活體驗等保育和教育工作，同時進行多項改善工

程，包括將昔日小學澄波學校改為歷史展覽廳和文物陳列室、復修鹽田，以及成立鹽光保育中心等。

16 見前環境局局長黃錦星面書網誌《復育山旮旯鄉郊的一伙人》，2022 年 11 月 27 日。

17 見鄧文彬（2023），〈鄉郊保育與城鄉共生〉，《香港建築師學報》（*HKIA Journal*）第 78 期，24-28 頁。

18 見《香港規劃標準與準則》第十章　自然保育及文物保護，https://www.pland.gov.hk/pland_tc/tech_doc/hkpsg/full/pdf/ch10.pdf

建築設計

人的生活離不開建築。我們塑造建築，建築亦在塑造著我們。建築的語言、環境、形態對人和環境有深遠的影響。建築是文化的象徵，它是時代的喉舌，為我們訴說當時的文化、歷史、社會形態、價值觀、經濟、科技、法例等。閱讀建築，我們可以看見社會趨勢和價值觀。以數據閱讀回歸後 25 年來獲得香港建築師學會大獎的

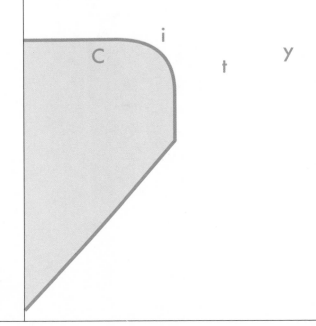

C i t y

PART 3

建築，我們的建築水平有提升嗎？大部分大獎都與建築保育、公共文化、教育學校有關，反映出專業及社會的關注，反之住宅商業建築卻相應減少。香港過往的房屋設計有著國際先進水準，2000 年前亦有不少獎項。隨著時代的改變，香港會否有新的住宅建築形態出現？而公共房屋會否在「提速、提量」的壓力下減少「提質」？流行以「組裝式綜合建造法」大量生產住屋，會否令建築失去因地制宜的變化，城市更千篇一律？

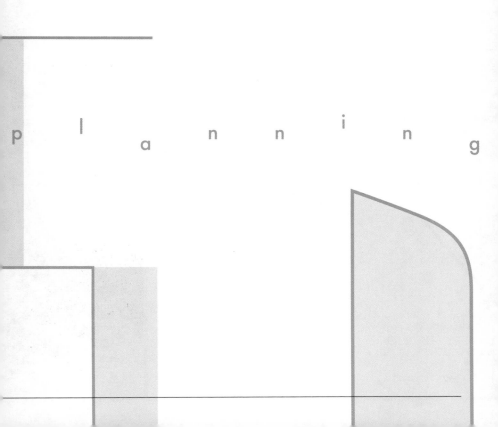

planning

09

香港建築師學會年度大獎的反思及前瞻

我們為香港建築的發展歷程感到自豪，但同時也需要從批判的心態去總結香港建築業過去、現存的缺陷。

蔡宏興建築師
香港建築師學會前會長

英國皇家建築師學會於 1848 年首次頒發金牌獎（Annual Gold Medal），以表彰個人或團體對建築的重大貢獻。相比之下，香港建築師學會在 2020 年才設立此類獎項[1]，整整遲了 172 年。然而，香港建築師學會有一個良好的獎勵傳統，就是從 1965 年開始，通過每年授予建築「年度大獎」，以表彰在當年值得獎勵的香港建築。這篇短文旨在用數據分析，回顧建築師學會年度大獎獲獎作品在香港回歸後 25 年間的轉變，從而推論建築面對社會關注議題變更時，是否也會與時俱進，以探討香港不斷變化的本土建築趨勢。希望這篇短文能夠推動大家對香港建築業的關心，一起討論未來香港建築發展的可行性、可能性，更希望將來通過業界的討論，從而有機會理解建築師面對社會關注議題變更時，如何看待香港當地建築業多元化的發展及挑戰。

香港社會在過去 25 年飛躍進步，成就令人刮目相看。基建、建築在其中扮演重要角色，我們為香港建築的發展歷程感到自豪，但同時也需要從批判的心態去總結香港建築業過去、現存的缺陷，在跟隨香港快速發展的步伐下，為何在設計宜居環境、帶領可持續發展方面，一直未能作出更大貢獻。市民對居住環境未能改善頗多微言，建築師應有所警惕。同時，愈來愈多建築師對營運事務所表示困難，但仍然積極參與非理性的競爭，為求生存，對自相殘殺式的減收專業費用照單全收，削減服務以節省成本，引來顧客批評建築師並非物有所值、「乾收銀」（Consultant），不利建築行業健康發展；更因行業內盛行「插水式減價」（fee diving），使經營環境每況愈下，進入惡性循環，實在徒增業界噩夢，令人沮喪。將來希望有更多的討論，有關建築師如何一方面順應私人僱主的需要，另一方面保護我城文化歷史、履行改善市民居住環境的社會責任，在建築理想與商業社會現實

衝突時，如何做出專業決定，作出合適的優次選擇？在委託人與代理人（principal- agent）因不同動機而產生利益矛盾，挑戰建築師的專業道德，建築質素指標定位和利益相關者的要求有衝突時，如何做出專業取捨？

這次再閱讀「年度大獎」得獎作品，很可能有事後孔明、馬後砲的偏見。但希望借此溫故知新，從中加深認識歷年本地建築得獎作品的趨勢，多層面理解社會轉變對建築的影響，期待未來我們通過不斷反思一座建築物的前世今生及前瞻它對市民生活、城市發展的影響，從而尋求設計服務功能創新、建築業的改革機會，為香港作為一個宜居、可持續發展的智慧城市作出貢獻。更因為建築是人類歷史文化的載體，建築獎項反映了我們如何看待社會價值體系和值得獎勵的建築項目。我們通過探討不同年份獲獎作品，洞察香港不斷變化的社會文化、市民的願望與客戶的實際需要，讓我們更了解專業如何評估建築價值概念的改變，在面對實踐中的可能矛盾時取得平衡。

在這篇短文中，我將會探討三個香港建築趨勢的問題，都是以 1997 年後為界。第一個是香港建築質量有沒有相對地提升？第二個是什麼樣的建築項目得到專業的重視？第三個是什麼類型的建築項目較少得到專業同行的認同、表揚？

在進入本文的主要分析部分之前，我想說明本文採用的數據分析資料，來自香港建築師學會公佈的 1965 至 2021 年獲獎名單（見本文末之附錄 1）。香港建築師學會「年度大獎」創辦於 1965 年，每年從會員作品中選出最優秀的建築，予以表揚。年度大獎的評選委員在

香港建築師學會「年度大獎」創辦於 1965 年，每年從會員作品中選出最優秀的建築，予以表揚。

評估當年提交作品的質量後，可以決定不頒發年度大獎，或頒發超過一個年度大獎。像最近沒有頒發年度大獎的年份包括 2020、2019、2014、2010、2009；而最近有頒發兩個年度大獎的年份包括 2018、2011、2007、2000。此外，在 1998 年更頒發了三個年度大獎。我還想說明「年度大獎」一詞在本文中的使用，包括多年來授予該獎項的各種名稱。一開始，年度最高榮譽的獎項被命名為銀牌獎（Silver Medal）[2]，第一次頒發是在 1965 年，獲獎建築是彩虹邨；第二次已

經是四年之後，在 1969 年授予美國友邦保險大廈（已經在 2021 年被拆除重建）；第三次在 1973 年，獲獎建築是九龍醫院西樓，從那時起，銀牌獎都較常規化地每年頒發。以「銀牌獎」為名表彰當年最佳作品持續到 2000 年，從 2001 年開始該獎項更名為「香港建築師學會全年建築大獎」，當年的得主是香港澳洲國際學校。從 2007 年起，獎項再一分為二，即「香港建築師學會全年境內建築大獎」和「香港建築師學會全年境外建築大獎」。在本文中，我用「年度大獎」一詞代表銀牌獎、香港建築師學會全年建築大獎、全年境內建築大獎的獲獎作品。只以這三個獎項作為分析對象，不是因為我不重視全年境外建築大獎，而是在分析時不包括境外得獎數據，更能反映香港本土獲獎建築的轉變，使分析更具連續性邏輯，不會因 2007 年後才出現的境外得獎數據，不當地影響歷史數據量化分析的連貫性、一致性。我也想解釋一下，雖然香港建築師學會在每年除了頒發年度大獎外還有其他獎項，如優異獎（Certificate of Merit / Merit Award）、會長獎狀（President's Prize）、主題建築獎（Special Architectural Award）、評選團特別提名（Jury's Special Mention）等，但鑑於這篇短文的篇幅限制和探究的焦點範圍，我相信目前只選取年度大獎的數據作為量化分析的基礎是合適的，不影響相關建築趨勢敘述、詮釋的有效性。一個顯而易見的原因，是年度大獎代表了當年度最佳作品，獲得專業同行一致表揚，得獎建築充份反映專業如何評估當年的共識價值觀，可以代表建築宏觀趨勢，用作研究分析的合適性是毫無疑問的。

單從得獎數據的統計及量化分析角度推論，有一定的視野局限，讀的時候也可能有點枯燥乏味。但數據在層層建築發展的推理解讀中，還

是有它的客觀性作用。跟建築物一樣，數據在推理中好似樓宇結構，沒有好的建築結構支撐，建築物只是空中樓閣，永遠留在虛構夢想中。如果我們對建築業發展的來龍去脈缺乏理解，在沒有科學數據下推測業界起動性，更容易「失之毫釐，差之千里」，錯誤認知優質建築出現的前因後果。如果不充份了解各持份者對建築發展複雜脈絡的需要，繼而錯誤地維持無效率、長期囿於碎片化的專業營運，未能進一步利用建築的多元化服務空間，提供一個更有利於建築業發展的環境。

在本文的後面部分，我將提供一些示例，說明數據分析如何為建築實踐的趨勢提供有見地的觀察，希望進一步吸引和鼓勵讀者使用數據分析作為客觀閱讀建築發展的工具之一。現在讓我首先嘗試回答提出的三個問題。

1997 年後香港建築質量有沒有相對地提升？

從 1965 到 2021 年，建築師學會共授予 49 個「年度大獎」。在這 56 年裡有 17 年沒有頒發，相當於約三分之一時間，沒有建築作品獲得同行評選委員認同，達到「年度大獎」的標準。這說明了建築師學會年度大獎的高專業標準，並且絕對不是行內人「分豬肉」，私相授受。從 1965 到 1997 年，在這 32 年內共有 12 年沒有頒發年度大獎，達到 37.50%，幾乎是 1997 年之後沒有頒發年度大獎的年數比率的兩倍。1997 年後至 2021 這 24 年內，有五年沒有頒發年度大獎，缺席年 20.83%，已包括 2019 和 2020 年，學會的正常運作被社會動盪和新冠肺炎打亂。1997 年後共有 25 個項目獲年度大獎，平均每年 1.04 個，相比 1997 年前平均每年 0.75 個、在漫長的 32 年（1965-

1998 年茵怡花園

1997）中只有 24 個項目獲年度大獎為高。從 1997 年後有更多建築
項目被獎勵的事實（見附錄 2），我們可以有兩種解讀。一是年度大
獎標準下降了，大家「分豬肉」，項目更容易獲獎。另一解讀是香港
建築質量不斷提升，項目獲得同行評選委員認同，頒發年度大獎以鼓
勵、讚譽其成就。我相信大多數讀者，尤其是有機會親身駐足體驗獲
獎項目之後，都會同意我的觀點，認同後者更有可能。

1997 年後什麼樣的建築項目得到專業的重視？

港英時代對保育歷史建築沒有給予足夠的重視和資源[3]，這情況在回歸後是否有所改變？1997 年香港回歸祖國，施行一國兩制，市民對香港維持自身的獨特性，建立在中國特區下的國民身份認同和自信有新的需求。建築是歷史文化的載體，在國家、城市身份認同的形成上有很重要的角色[4]。保育歷史建築更有助建立社會凝聚力，增強市民和城市共同生活的回憶，勾起家國情懷，呈現我城文化自信。從得獎項目的量化分析，我們可以觀察到 1997 年前後香港對歷史建築保育、活化再用的轉變。有明確的證據顯示，在社會關注的議題變化時，建築也會與時俱進，充份反映社會當前需要及關注範圍。建築師除了滿足客戶需求，也能超越純商業掛帥，擺脫建築功能主義設計概念的束縛，再一次證明建築師可以作為文化、藝術工作者之一，為城市添加另一種重要的軟實力。

1997 年後，建築師通過對歷史建築的關注，賦權建築帶出歷史沉澱後文化承傳的信息，增加建築作為描繪社會集體生活印記的普及性。從年度大獎數據中，我們可以清楚地看到回歸後專業對歷史建築保育、活化再用的注重。1997 年及之前，在這漫長的 32 年（1965 -1997）時間內，只有一個稍微與歷史建築相關的項目：半島酒店擴建工程，得同行認同並獲頒發 1995 年年度大獎。1997 年後，香港對從本土文化、歷史建築塑造香港人身份認同有新的期望，要求在加快城市建設時，同時推動歷史建築保育，在社會經濟發展和保護地標文化遺產之間取得平衡。社會及香港市民的關注，促進建築專業更加重視這一領域，加強建築師保護香港建築遺產的願望和認

同,從 2000 年起,多次頒發年度大獎予歷史建築保育、活化的相關項目。1997 年後至 2021 年這 24 年間,有七個歷史建築保育、活化項目獲頒發年度大獎,相當於約總數的三分之一。如果我們進一步深入數據分析(見附錄 3),更會發現在過去的十年中,建築專業對城市歷史身份認同的關注有加速的趨勢。在這短短的十年裡,一半的年度大獎都與歷史建築保育、活化相關,包括 2013 年灣仔茂蘿街/巴路士街藝術社區活化項目、2015 年終審法院的翻新、2017 年的「We 嘩藍屋」、2018 年由三級歷史建築群改建的香港賽馬會芝加哥大學學術綜合大樓,和同年的南豐紗廠保育活化項目。這一加速趨勢不僅來自建築業的推動,也顯然受益於天星碼頭和皇后碼頭拆卸時(2006 及 2007 年)引起民間的關注,提出司法覆核、年輕一代靜坐和抗議,導致政府重新審視其文物及歷史建築保育政策,並制定新方案,例如實施「保育中環」、「活化歷史建築夥伴計劃」,成立「保育歷史建築基金」,為建築遺產保育提供了官方支持。

如果我們將公共/文化建築相關的獲獎項目進行量化分析,更可以進一步看見 1997 年後我城的公共/文化建築得到重視,香港蛻變中的城市圖像和感知從新的公共空間、地標中獲得更新,提升香港特色城市建設的自信。除了世界級的基礎設施,如 1998 年獲獎的香港國際機場客運大樓,建築師學會也通過年度大獎表揚我城的社區公共建築,如赤柱市政大廈(2006)及屏山天水圍文化康樂大樓(2011)。香港多樣性的文化生活、自然環境也通過年度大獎,加強塑造我城值得引以自豪的地標,如 M+ 視覺文化博物館(2021)及香港濕地公園第二期(2005)。

從 1965 到 2021 年，建築師學會共授予 14 個年度大獎予公共／文化建築相關的項目。1997 年及之前，只有四個這類作品得到年度大獎，平均每年 0.125 個，相比 1997 年後共有 10 個、每年平均 0.417 個為低。總體而言，公共／文化建築有關的年度大獎在 1997 年及之前，只佔這類型建築在歷年獲獎總數（14 個）的 28.57%，1997 年之後則佔 71.43%（見附錄 4）。接近 2.5 倍的增長不能說是微不足道或是一個典型常態，雖然不能武斷地推論那是一種有意識的去殖民化建築策略，從而修正散居者（diaspora）對居住地冷漠的態度，但也不能無視它有可能隱藏對回歸後香港特區身份認同的潛意識渴望及吶喊心態。

如果我們同時把獲獎的建築保育、活化再用與公共／文化建築相關的項目放在一起分析，它們的數量總和及百分比，更加明顯呈現了此類影響城市身份認同的項目在 1997 年之後獲得高度重視。在 1997 年及之前，有五個建築保育與公共／文化建築相關的項目獲獎，佔這時段的年度大獎總數約 20%。1997 年後有 13 個這兩類型的建築項目獲獎，約佔 1997 年之後總數的 52%，再次證明它們在 1997 年後的重要影響，推動年度大獎得獎項目的類型轉移。

1997 年後什麼類型的建築項目較少得到專業同行的認同、表揚？

當大多數得獎項目已被保育、公共／文化建築主導時，剩下的 12 個年度大獎授予什麼樣的建築項目呢？從數據中可以容易觀察到，學校和教育建築構成了獲獎名單中其餘的主要組成部分。1997 年後有八個教育建築項目和學校獲得年度大獎，其中之一是 2018 年的香港賽

| 建築設計 |

2013 年灣仔茂蘿街／巴路士街藝術社區活化項目

2017 年「We 嘩藍屋」

｜建築設計｜

馬會芝加哥大學學術綜合大樓，但由於它同時也是保育活化再用項目，因此純粹的教育項目計為七項。從剩餘的12個得獎項目中減去七個教育項目，其餘五個項目則只佔1997年後得獎總數的20%，分別是茵怡花園（1998）、東堤灣畔（1999）、港龍航空及中國民航（集團）大樓（2000）、北京道一號（2003）、普樂道10、12、16及18號（2007）。換句話說，1997年後有80%的年度大獎都和建築保育、公共／文化、教育／學校有關。

更加值得我們注意的是，在過去15年，所有年度大獎都與住房或商業無關[5]。可以想像在香港這一個商業掛帥的國際大都會，每年都有不少商業建築落成，但它們得到專業同行認同的比率是相對低的，亦不會得到最高獎勵。最糟糕的是，影響市民日常生活的住屋項目也一樣很少受到關注，在過去15年，沒有住房項目[6]被同行認同達到年度大獎的質量標準。上一次有住宅項目獲得年度大獎，已經是2007年的普樂道10、12、16及18號，那是位於山頂的四棟獨立花園洋屋，與普羅香港市民的日常生活相差十萬九千里，難以產生共鳴。難怪市民對建築師未能改善他們的居住環境頗多微言，更有責怪建築師只為權貴服務，忽視大眾需要建築師提供更人性化的住房設計。

追溯早期的年度大獎，住宅項目是最受專業同行重視的類型之一，第一個銀牌獎就是1965年授予彩虹邨。1997年前及回歸初期，獲頒發年度大獎的住宅項目包括：梅苑（1975）、沙宣道42號（1979）、穗禾苑（1981）、愉景灣（1983）、兆康苑（1985）、寶雲道住宅（1986）、影灣園（1989）、茵怡花園（1998）、東堤灣畔（1999）。在今天再看當年得獎住宅項目如彩虹邨、穗禾苑，更明顯反映獎項對

當時現代建築和宜居小區全新佈局的重要指導性。從專業實踐的角度看，我們可以進一步證實，香港房屋設計曾經在功能處理手法及建築藝術上均達國際先進標準，是其他國家學習的典範，是香港現代建築發展一個亮點。

從附錄 5 的獲獎項目類型比較圖表，我們可以清楚地看到，大約 91% 的住宅項目是在 2000 年之前獲獎的。在 1980 年代，住宅項目的獲獎比率更達到總數的約 45%，其中大部分涉及公共和私人屋苑設計，充份代表了業界對住房建築、建築師對改善住宅小區日常生活的關心，為提高大眾市民的生活質量做出貢獻。相比之下，儘管過去十多年香港建造了無數住宅項目，它們都沒有達到高標準的獲獎要求。大家對典型的常規設計已經習以為常，建築師不再擔當為改善市民居住環境進行研究、創新設計的角色。私人樓宇發展更是偏向從商品營銷策略出發，作為設計的唯一關鍵指導，專業對業主言聽計從，較少堅持獨立意見，有時更奉命違心抄襲，著實令人惋惜、遺憾。住宅單位佈局也為了容易通過政府審批，設計方案多數一成不變，遵守規定性的建築條例，缺乏從設計原則出發的靈活性。建築師更因近年嚴重官僚化的審批程序，要將大部分時間花在項目行政管理、文書工作上，而不是好好利用精力和資源去創建更好的建築，與創意工作的初心背道而馳。

從上面的分析，我們可以得出三個結論。第一個是 1997 年後香港建築質量相對提升，第二個是歷史建築保育與公共／文化建築相關的項目得到專業特別重視；遺憾地，第三個是商業建築和住宅項目較少得到專業同行的讚譽、獎勵。

2018 年南豐紗廠保育活化項目

近年香港建築湧現一股懷舊思潮，令業界忽略改善市民居住環境的急切需要。建築師沒有積極地參與改進我城居住環境，實踐更好質素的建築設計，相關住房方案多未能實現香港人「住好啲、住得寬敞啲」的願望。港人未能生活得更有尊嚴，房地產開發商和建築師都有不可迴避的責任。我們更應汲取巴西建築師奧斯卡‧尼邁耶（Oscar Niemeyer, 1907-2012）在設計巴西利亞（Brasilia）城市時的教訓。在一次訪問中，他表達了他對設計結果的失望：「當我著手設計公寓時，他們告訴我，所有人，無論貧富，都有能力居住在裡頭。但現在彷彿只有富人才能住在裡面。窮人負擔不起。……巴西利亞的孩子們似乎可以在純淨無瑕的環境下成長，然而它如今已成為巴西最具歧視性的城市。」[7]

展望未來的歷史建築保育和我城發展，我有如下提議。建築離不開現實社會關注的議題，是毋庸諱言的事實，但當建築師對歷史建築過度熱愛，太浪漫地去美化過去，忽視建築物的歷史意識，只追求建築唯美感，我們或許會不知不覺中粉飾了殖民管治時代的權力傾斜、發展不平等的事實，成為選擇性記憶、虛假歷史敘述的共犯。在推土機下，在我們熟悉的橫街窄巷面臨消失的危機時，我們更要慎防「偽修復」（fake restoration）或在新項目建造假古董建築。作為專業，我們必須尊重我們與社區的社會契約。專業對我城發展有無可迴避的歷史責任，建築師不能烏托邦式自戀，只追求個人的成就感或建築形式美。清晰的建築思路、樸實虔誠的設計語言，是許多獲獎建築的共通點，希望同行共勉、相互支持。

在結束本文之前，我想進一步指出建築作為一門學科，它需要不斷創

2021 年 M+ 視覺文化博物館

新專業知識和鼓勵新思維，以適應社會環境變遷、應對加速的專業科技變革。

有很多例子顯示，通過數據量化分析能產生新見解及提高洞察力。例如，賈珺教授在清華大學出版的建築史期刊發表文章，提出對《建築史論文集》1-20 輯的 300 篇進行數據統計和分析[8]，他將全部 20 輯分成前 10 輯和後 10 輯兩個部分，對相關論文進行分析評述，客觀地總結研究調查結果，更清晰地敘述中國建築趨勢在論文集出版期間的轉變，如：在前 10 輯的時段內，近代建築沒有受到任何關注，在後 10 輯的時段內，近代建築獲得重視。文化遺產保護研究也在後 10 輯的時段內受到了關注[9]。

另一個使用量化數據進一步分析哪個建築項目類型受到關注的例子，是中國近代建築史研究叢書原創系列《中國建築的現代化進程》[10]。作者在第二章剖析分別由中國建築師學會和上海市建築師協會主辦發行的《中國建築》與《建築月刊》這兩套期刊對當時中國建築界的影響力，通過文獻類別統計分析所傳遞的信息，得出客觀結論如：「關於建築設計的稿件佔該大類稿件的絕對多數，而關於建築理論、建築技術及材料，以及建築教育的稿件所佔份額比較接近，建築歷史類稿件所佔份額最少。可見，建築設計實例和設計原理的交流是當時刊物選題的重點，這也與刊物貼近讀者實際需要，宣傳本土建築師作品的導向一致。」[11] 也觀察到刊物較為關注居住建築，對公共建築的報道篇幅於 1934 年後下降[12]。

使用量化分析角度推論的另一個例子，是邁克爾·索金（Michael

Sorkin, 1948-2020）在耶魯大學建築雜誌《透視》（*Perspecta*）第 37 期[13] 發表的文章《關於普利茲克我們能說什麼》（*What Can We Say About The Pritzker?*）[14]。索金使用數據圖表，分析普利茲克建築獎（Pritzker Architecture Prize）在 1979 到 2005 年的獲獎者，辯證並測試各種推論，像普利茲克建築獎對獲獎者年齡有偏見考慮嗎？獎項中有偏向美國嗎？索金分析後的答案是沒有年齡歧視[15]，及該獎項早期的美國偏向已經被歐洲取代[16]。

我希望上面的例子能引起讀者對數據分析的興趣，使用數據分析能夠讓我們更清楚看到建築生態系統整體的發展模式，避免掉進個人經驗的局限性偏見，減少見樹不見林的盲點，更客觀地分析香港建築歷史長河中的成敗因素。最後，我想引用日本建築師隈研吾（Kengo Kuma）對建築的看法去結束這篇文章。

「現在已經不是『建築物美觀就好』的時代了。進入網路時代後這樣的趨勢更盛。設計師本人認為『美』和自我感覺良好的評價，都是不可靠的。」[17]

「生在新冠病毒時代後的各位，我們已經開始進入另一個時代了。你們可以超越過去傳統建築的框架，自由的思考吧！也必須更自由的發揮想像。」[18]

附錄 1　「年度大獎」獲獎作品清單

		歷史建築保育／活化	公共／文化建築	學校／教育建築
「銀牌獎」				
1965	彩虹邨			
1966	／			
1967	／			
1968	／			
1969	美國友邦保險大廈			
1970	／			
1971	／			
1972	／			
1973	九龍醫院西樓		*	
1974	喜來登酒店			
1975	梅苑			
1976	聖公會莫壽增會督中學			*
1977	香港空運貨站公司			
1978	香港藝術中心		*	*
1979	沙宣道 42 號			
1980	／			
1981	穗禾苑			
1982	置地廣場			
1983	香港仔市政局街市大廈		*	
	愉景灣			
1984	嘉諾撒書院（小學及中學部）			*
1985	交易廣場			

		歷史建築保育／活化	公共／文化建築	學校／教育建築
	兆康苑			
1986	寶雲道住宅			
	香港賽馬會沙田會所			
1987	美林室內體育館		*	
1988	／			
1989	影灣園			
1990	香港房屋委員會總部			
1991	／			
1992	／			
1993	娛樂行			
1994	萬國寶通銀行			
1995	半島酒店擴建工程	*		
1996	／			
1997	／			
1998	香港大學研究生堂			*
	香港國際機場客運大樓		*	
	茵怡花園			
1999	東堤灣畔			
2000	港龍航空及中國民航（集團）大樓			
	香港海防博物館	*	*	
「香港建築師學會全年建築大獎」				
2001	香港澳洲國際學校			*
2002	香港教育學院賽馬會小學			*

		歷史建築保育／活化	公共／文化建築	學校／教育建築
2003	北京道一號			
2004	拔萃男書院小學部			＊
2005	香港濕地公園第二期		＊	
2006	赤柱市政大廈		＊	
「香港建築師學會全年境內建築大獎」				
2007	普樂道 10、12、16 及 18 號			
2008	拔萃男書院：體育館、游泳池及宿舍大樓			＊
2009	賽馬會創意藝術中心	＊	＊	
2010	／			
2011	香港理工大學教學酒店綜合大樓			＊
	屏山天水圍文化康樂大樓		＊	
2012	和合石橋頭路靈灰安置所和紀念花園		＊	
2013	灣仔茂蘿街／巴路士街藝術社區活化項目	＊	＊	
2014	／			
2015	終審法院的翻新	＊	＊	
2016	珠海高等教育學院新校區發展			＊
2017	We 嘩藍屋	＊		
2018	香港賽馬會芝加哥大學學術綜合大樓	＊		＊
	南豐紗廠保育活化項目	＊		
2019	／			
2020	／			
2021	M+ 視覺文化博物館		＊	

附錄 2　「年度大獎」分佈圖

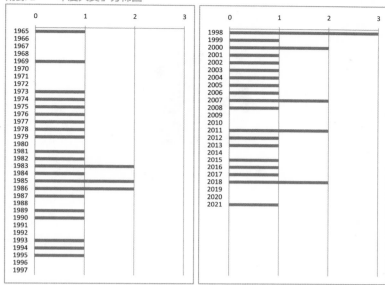

附錄 3　歷史建築保育、活化相關的年度大獎

得獎項目數	年份
1	1995, 2000, 2013, 2015, 2017
2	2018

附錄 4　1997 年及之前與之後公共／文化建築相關的獲獎項目比較

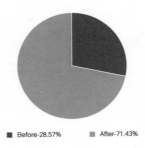

■ Before-28.57%　　　　■ After-71.43%

獲獎年份		總數
1997 年前	1973, 1978, 1987, 1990	4
1997 年後	1998, 2000, 2005, 2006, 2008, 2011, 2012, 2013, 2015 ,2021	10

Distribution of Award Project Types - Overall

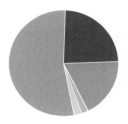

- ■ Civic / Culture & Heritage related
- ■ School & Educational related
- ■ Both school & heriatge related
- ■ Both school & culture related
- ■ Others

Distribution of Award Project Types - 1997 and Before

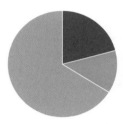

- ■ Civic / Culture & Heritage related
- ■ School & Educational related
- ■ Both school & heriatge related
- ■ Both school & culture related
- ■ Others

Distribution of Award Project Types - After 1997

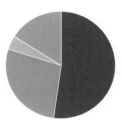

- ■ Civic / Culture & Heritage related
- ■ School & Educational related
- ■ Both school & heriatge related
- ■ Both school & culture related
- ■ Others

註

1 香港建築師學會金獎成立於 2020 年，第一個（2020）金獎得主是 1960 年來港的加籍日裔建築師木下一（James Hajime Kinoshita, 1933 - ）。第二個（2021）是生於澳門，長於香港，在加拿大接受建築教育及工作並於 1973 年回港的建築師劉秀成教授（Prof. Patrick Lau Sau Shing, 1944 - ）。

2 我從一些前輩建築師那裡聽說，建築師學會之所以選用銀牌獎而不是金牌獎作為大獎的名字，是表達建築師謙虛的一面，就像「文無第一，武無第二」，建築師都不敢說自己的作品是最好的。還有一種流言蜚語，指出一開始時不經常頒獎是因為嫉妒心，認為其他同行的設計也不可能是最好的。

3 過去英國殖民地政府並不十分重視保育香港建築文物，相關法例直至 1976 年，才在《古物古蹟條例》（第 53 章）的制定下得以確立，隨之設立了古物古蹟辦事處（古蹟辦），負責保育城市的古蹟。古蹟辦對其他政府部門既沒有管轄權，亦缺乏資源，在這種情況下，由訂立《古物古蹟條例》至 1997 年 6 月 30 日殖民時代結束的 21 年間，香港數千座具有歷史意義的建築物當中，僅 65 座被評為保育古蹟。每年平均僅 3 項的保育成果，似乎是姿態多於實際。

4 中國建築及文物保育運動泰斗梁思成（1901-1972），深受父親梁啟超（1873-1929）的「國家重生」政治改革思想所影響，曾提及：「建築之規模、形體、工程、藝術之嬗遞演變，乃其民族特殊文化興衰潮汐之映照；一國一族之建築適反鑒其物質精神，繼往開來之面貌。」《梁思成文集》（三），北京：中國建築工業出版社，1985，頁 3。

5 雖然 2017 年獲獎的「We 嘩藍屋」建築類型涉及地面社區商店：灣仔民間生活館及樓上作為首個「留屋留人」的少量住房單元，但我認為該獎項很大程度上是基於歷史建築保護、活化作為考慮，多於項目被評估為真正的商業和住房項目。由於相同因素，我對 2018 年獲獎的南豐紗廠保育活化項目有同樣的結論。

6 同註 5。

7 Oscar Niemeyer, Interview with Alex Shoumatoff, "The Capital of Hope" in *The New Yorker*, November 3, 1980 issue. 翻譯和引用在《歷史的臍帶：東南亞建築與生活》，賴啟健著；黃智煒、曾寶貝、劉德豪、洪菀璐、陳丹楓、林欣慈、林方良、子木、林仁余、遜雪風麟譯，台北市：秀風帶文化有限公司出版，2011 年，頁 443。

8 賈珺，〈四十年春華秋實 三百篇鴻影雪痕——《建築史論文集》1～20 輯成果分析與評述〉，《建築史：第 21 輯》，賈珺主編，北京：清華大學出版社，2005 年，頁 29-44。

9 Ibid，《建築史：第 21 輯》，頁 39：「後 10 輯最引人注目的變化是大大增加了關於近代建築研究和文化遺產保護研究方面的論文。……文化遺產保護領域是《建築史論文集》後 10 輯關注的另一重點，每一輯都有相關文章發表，總共收入 35 篇之多。」

10 錢海平、楊曉龍、楊秉德著，《中國建築的現代化進程》，北京：中國建築工業出版社，2012 年。

11 Ibid，頁 19。

12 Ibid，頁 38：「據統計，刊物報道的國內外建築實例共 250 餘項，其中公共建築 140 餘項，佔 57.5%，居住建築 100 餘項，佔 42.5%，二者比例大體相當。從圖 2-25 可看出，刊物對於居住建築一直較為關注，保持了相對穩定的報道類次，對公共建築的報道篇幅則隨著 1934 年後非建築實例類稿件的增加而有所下降。」

13 *Perspecta* Issue 37 "Famous", Edited by Brendan Lee, DaeWha Kang, Justin Kwok and Robert McClure, *The Yale Architectural Journal*, The MIT Press, 2005. 《透視》第 37 期有許多有趣的文章，從新角度觀察建築師名氣與建築商品化的關係、建築師的名望如何影響設計過程，剖析名望是否加強了錯誤建築實踐的可能性，建築師又是如何產生名氣的？讀者有時間不妨找來閱讀，從中洞察聲譽對建築實踐的影響。

14 Ibid, *Perspecta* Issue 37, *What Can You Say About The Pritzker?*, Michael Sorkin, pp.106-111.

15 Ibid, *What Can You Say About The Pritzker?*, p.107: "Age distribute is well spread, with substantial numbers of winners in their 50s, 60s and 70s. There also seems to be a cyclical quality to this recognition, with no special priority given to working down from older to younger practitioners."

16 Ibid, *What Can You Say About The Pritzker?*, p.107: "The American hegemony in the early years of the prize has been decisively replaced with European domination. Before Thorn Mayne won in 2005, the last American recipient was Robert Venturi in 1991. Indeed, the prize has been strikingly negligent in recognizing the younger cohort of American architects, though younger Europeans have done very well."

17 隈研吾，《隈研吾──成為夢想的實踐者，勇於超越框架，創造自由想像》，劉秀姿譯，台北市：大都會文化事業有限公司，2022 年，頁 222。

18 Ibid，頁 243。

10

健康建築
宜居城市

在高密度都市中，面向未來、舒適宜居、
與自然連結及人性化的建築才是真正的
綠色建築。

梁文傑建築師
香港建築師學會環境及
可持續發展委員會前主席

我們塑造建築，之後建築塑造我們

英國前首相邱吉爾曾說：「我們塑造建築，之後建築塑造我們。」建築與我們的生理、心理跟社交健康都有密切的關係。事實上，一個普通人在室內活動的時間約佔 90%，在全球一同經歷 2019 冠狀病毒病（COVID 19）疫情之後，人們除了對健康的關注顯著提高之餘，防疫期間的社交隔離亦令人們深切感受到建築設計對身心健康的影響。建築師可以透過建築設計營造一個健康建築環境，引導使用者培養有利於健康的生活習慣。過去 25 年，建築師們更關注建築如何能面向未來、有助於保健養生的設計手段，而不再僅僅追求炫酷的外觀和高度。展望下一個 25 年，我們又如何提升健康城市營造，共建以福祉為先、更宜居和可持續的都市？

以健康和福祉為先，城市營造轉向的 25 年

香港經歷「非典」肺炎一役後，特區政府和相關公共機構牽頭，建築師積極參與基於科學、以結果為導向的設計研究，並實踐越來越多以健康和福祉為先的建築項目。儘管城市的高密度與疾病傳播之間沒有明確的聯繫，但良好的城市通風被認為是健康居住的關鍵。在 2003年，時任行政長官委任政務司司長所領導的全城清潔策劃小組，公佈了《改善香港環境衛生措施》的報告，以改善本港的居住環境。報告建議研究在所有大型發展、重建計劃和未來規劃中，把空氣流通評估列為考慮因素的可行性，以及訂定有關評估方法的標準、應用範圍和實施機制。香港中文大學建築學院吳恩融教授建築師及其團隊進行研究，並提議空氣流通評估方法、標準、應用範圍和實施機制。在

　　　　　　　　　　　　　　　| 建築設計 |

2009 年，吳恩融教授建築師及其團隊受規劃署委託，完成「城市氣候地圖和風環境標準」研究，全面而科學地評估了香港不同地區的城市氣候特徵。尤其在建築密集的都會區，為城市形態規劃和設計提供了指導方針和可行策略。通風道是密集城市地區通風的關鍵要素，其中由線性道路和開放空間形成的主要通風道，可令盛行風沿著這些道路流動，而小風道則由允許風穿透的建築物分隔形成。

在 2011 年，呂元祥建築師事務所完成屋宇署的委託，研究建築設計如何提升其周邊的行人風環境。研究成果為香港可持續建築設計指引，提議建築透風度、綠化率和臨窄街建築後退三個設計要求和指標，成為世界先驅性的例子，促進更好的城市通風環境和微氣候。考慮建築佈局時，建築師可以在建築物之間留有足夠的空隙，有利於風的穿透。也可以採用不同建築高度和減少平台覆蓋，有助行人層面的城市空氣流通。建築師亦可通過樓宇造型增加通透性，緩解城市通風受阻的問題，例如在建築中創建城市窗戶等開口位置，融入透風性共用空間的設計元素。增加建築物之間的距離和建築物的通透性，旨在減少建築物受風面的面積，因為面對盛行風方向的大面積建築立面，會降低風的穿透性，並影響下風處的相應環境。另一方面，一個真正的「通風則」，需要內外兼通。建築內部不但要有足夠的對流通風立面，兩者之間亦需取得平衡。要達到足夠的對流通風，位於建築立面、可開啟窗戶與窗戶之間的空氣流通路徑，要設於不同朝向的立面，其總面積應不少於內部空間面積的八分之一。主開口和次開口的通風開口面積亦應大小相若。

而在 2017 年，吳恩融教授和呂元祥建築師事務所再度聯手，為香港

| 建築設計 |

綠色建築議會研究《城市微氣候研究指南》提出了指導方針和可行策略，幫助業界如何營造對項目和廣大公眾都有益的良好城市微氣候。該指南強調，建築的座向和形狀可以配合周邊的樓宇體量和位置，維護主要通風道，及連結成一個社區性的通風網絡。在擁有多棟建築的開發項目中，分層建築高度的設計方式（將較低的建築物放置在面向風的一側，而較高的建築物應至少是較矮建築物的兩倍高），可以將流動於建築中至高層外的盛行風導引至街道。建築物的外立面應與基座邊緣相連，以便下沉風能夠有效地觸達下方街區。

面向未來，展望下一個 25 年的健康建築

現今世界正朝向智能城市發展，智能工具的應用逐漸普及，辦公、學習、生活與休閒變得更智能化，新的文化在孕育，相應的新空間和場所在形成。最近，人工智能的發展和應用非常引人注目，並有潛力在醫療保健、金融、交通運輸到製造業等各個行業引起顛覆性的變革。在建築行業，人工智能可以提升樓宇自動化，改善決策過程，並提供以前無法獲得的洞察力。以辦公室為例，人們對健康的關注在後疫情時代成為未來職場演化的重要推手。一項關於未來工作場所的調查發現，依賴科技的年輕人原本最適應在家工作，但在疫情時期他們反而是最希望返回辦公室的群體。未來，更多公司會採取混合在家工作的模式，因此，建築亦需要相應進化。辦公室模式將更著重交流和協調、建立工作文化及維護社交聯繫。

後疫情時代的未來辦公室亦將更智能和便捷，以員工和使用者的健康和福祉為先，並根據他們的工作習慣和模式，為相應場合預設條件。

員工手機中的虛擬禮賓服務可以自動將他們引導至辦公室樓層所指定的電梯；沿途出入口都採用非接觸式感應器，在員工進入辦公室前，透過影像識別及數字技術系統，即可啟動大門、基本照明和通風系統，並自動按照使用者的喜好進行調節設定；踏入辦公室，開放的空中庭園可供員工在這裡享受咖啡，輕鬆地與同事進行交流；辦公室的座位安排會變得更加彈性，會議室及共用工作空間所佔的空間亦更多，方便同事間交流工作，激發無限創意；員工可以根據不同工作階段的變化和需求進行動態團隊組合；利用日光的晝夜節律人工照明系統，有助於促進積極情緒狀態和清醒度；辦公室將被劃分成不同的熱區，使用者可根據其喜好和需求在最適宜的溫度下工作；辦公室亦可模擬自然，以提供最舒適的環境濕度。

以上對未來辦公室的設想並不是天方夜譚，所談及的科技亦已趨成熟，人與機器將並肩工作，實現以員工健康和福祉為先的職場環境。因此，建築在功能、空間、結構、機電系統等方面應提升其適應性，令建設維護更為相容。建築元件將為智能裝置的升級和更換提供更多便利，樓宇和使用者行為數據亦應更為融合互通。

而近年來，高層建築多見空中花園設計，但不少建成的花園高度只能達到《聯合作業備考》建議的基本標準。要利於通風，空中花園的淨高和進深的比例應該大約 1:4，即是說，如果花園的進深是 30 米的話，它的淨高便應該有 7 米半左右。天空花園越近臨主街區（Primary Zone），樓底宜更高，以改善街道風環境。這些綠化設施，可以讓風穿過建築物，讓人們在其中感受到風的流動和自然的氣息。同時，在建築物內部空間中加入開放的庭院和垂直花園等景觀設計，亦可以

｜建築設計｜

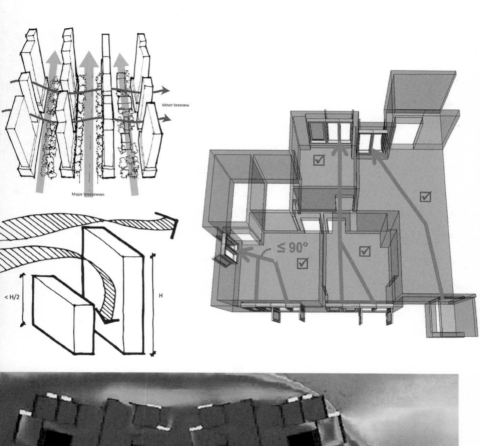

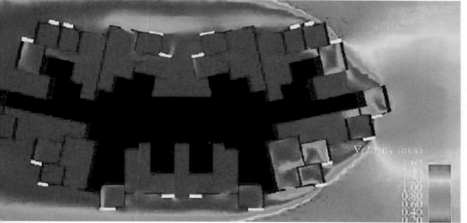

讓人們親近自然，感受微風輕撫的舒適感。配合親生物設計元素，例如室內外的立體或垂直綠化、採用自然材料、圖案和顏色，可在視覺和空間上與自然再連結，貫穿始終，實現建築與自然的和諧共存，為城市注入更多生命力和活力。同時，綠色植物亦可以幫助吸收空氣中的有害物質，改善城市空氣質量。

誠然，增加建築物之間的距離和建築物的通透性要周詳考慮建築物高度對城市風貌、微氣候、鄰近發展的日照環境和視野的影響，其中涉及的範疇繁多，持份者意見也往往紛紜。建築師可以基於三維城市和建築資訊數據，通過環境性能模擬工具的幫助，分析不同設計相應健康建築的技術指標，並與項目團隊和關鍵利益相關者進行交流，共同為大眾健康創造一個最大益處的方案，營造可持續發展的健康城市。

讓社區更連結、讓人們動起來

近年來「15 分鐘城市」的概念越來越受到關注，特別是在 2019 冠狀病毒病高峰期時，更凸顯了混合用途的社區便利設施的優勢，以及出行便利的重要性。在後疫情時期，高密度和超混合用途的都市更促進了社區連結和活力。建築師可以在建築設計中加入更多半戶外的休閒共用空間，結合社區、休閒和學習，體現人性化的設計和人文關懷。

《香港 2030+》的遠景概念藍圖讓我們看到創建整合的新社區機會。新社區可以考慮無車街道和公共領域，重塑以人為本、成就社交和休閒的街道空間，在建築周邊的城市空間應加入人性化的設計元素，從而創建一個更加舒適、溫馨的社區。例如，在公共場所中加入舒適的

座位、休息區等設施，為疲憊的人們提供一個休息場所。同時，建築設計中還可以加入音樂、藝術等元素，營造一個更加生動、豐富的城市空間。這些設計元素不僅能夠減輕人們的緊張情緒，還能提升人們的幸福感和滿足感。提供地下公共設施通道空間，以容納各種公共配套，是實現以上願景的一個智慧城市的策略。而每次需要安裝新的管道時，也可以消除挖掘街道的需要，避免對社區造成麻煩。建築師和關鍵利益相關者的集體努力，可以創造重視社區健康的新設計範例。這僅能通過關鍵利益相關者之間的綜合對話實現，探索創新的設計和管理模型，並受到積極的政府政策的推動，實現環保健康的社區。

此外，建築的共用空間亦可加入運動元素，如運動裝置和跑道等，激發人們的運動熱情，令他們更願意在建築物周圍活動。室內空間中著重自然採光和加入通風設施，以改善室內空氣質量，提升舒適度，從而促進用戶進行運動。再者，音樂和多彩的燈光，亦可激發人們的運動熱情，讓他們在運動時更具活力。

創建綠色和諧的健康城市

建築師的使命是從人類和環境的共同福祉出發，建造更好的場所，所以更應考慮到建築的使用者和環境，並兼顧他們的需求。良好的城市和建築設計與人們的健康息息相關。在高密度都市中，面向未來、舒適宜居、與自然連結及人性化的建築才是真正的綠色建築。共勉之！

| 建築設計 |

11

香港公共房屋：
回歸後的發展

對於未來的展望，儘管過去的成就不能複製，條例上有多棘手的掣肘，設計上有多嚴格的局限，我們仍要堅持思考理想居所的可能性。

鍾宏亮教授、韓曼博士
香港中文大學建築學院

香港的公共房屋發展了 70 多年，在使命、政策、設計和交付方面經歷多次轉型，以適應不同年代的社會需要，並在設計層面取得不少了不起的成就。本文簡述回歸前香港的公屋發展及回歸後的趨勢和重點，並對未來的挑戰作出展望。

早期成就

二戰後，受內地戰亂及隨之而來的難民潮影響，本港人口大增，寮屋區氾濫，衛生、安全及房屋短缺問題日趨嚴重[1]。直至 1953 年聖誕夜的石硤尾大火，觸發港英政府緊急應對，先後啟動徙置大廈及廉租屋邨計劃，並於 1972 年合併為十年建屋計劃。到 1980 年，香港已為超過 200 萬人提供了各式公屋，成就得到廣泛承認，被認為是世界上最大的公屋計劃之一。

公屋類型演變從 1950 年代的徙置大廈、1960 和 1970 年代的長型大樓和雙塔式大廈、1980 和 1990 年代的 Y 型及和諧式大廈，到千禧年代有十字型大廈、標準化設計和後來的機械化預製模式。早期公屋規劃新穎，設計水平高，如華富邨（1961-1968）以「市鎮中心」概念發展，有依山而建的景觀佈局及配套設施如停車場、學校、圖書館和商場，當年更享有國際知名度。同期有代表性的屋邨中，由香港房屋委員會[2]（房委會）負責的有彩虹邨（1965）和愛民邨（1974-75），香港房屋協會[3]（房協）管理的有健康邨（1956-1965）、觀龍樓（1968）及祖堯邨（1976-1981）。

在建築設計方面，香港早期的公屋也受到廣泛讚譽。當年大多數公共

　　　　　　　　　　　　　　　| 建築設計 |

上｜祖堯邨（攝影：Bill So）
下｜華富邨（攝影：Eagle Wu）

屋邨均由城內最好的建築師設計，其中許多更獲得香港建築師學會的獎項。除上文提及的代表作，政府 1970 年代新界區發展的大規模新市鎮，包括沙田和屯門等，從場地規劃、建築設計至表達都很有心思。建築師會將具有適應性的標準樓宇（最典型的莫過於 Y 型大廈）結合場地以及公共設施，創造社區氛圍。設計師巧妙運用重複的標準單元，構造出具層次感和韻律感的建築外觀；建築細節上如露台，窗台及鏤空磚牆等元素，亦在比例和互相關係中作仔細推敲，最後呈現出既清晰又豐富的建築表達。

回歸以來

自回歸以來，香港居住在公營租住房屋的人口一直維持在三四成左右。政府持續重視發展公屋及資助自置居所，1997 年 10 月的《長遠房屋策略》旨在減少租住房屋的比例，訂立在十年內提升自置居所到70%。在房委會和房協的努力下，新一代公屋集中提高自置比率，重視重建與優化及居家安老；施工方面也更提倡環保，並配合數碼技術創新，締造因地制宜的非標準設計。

早在 1970 年代末，政府已開始推行自置公屋計劃。《居者有其屋計劃》是房委會的一項資助出售房屋計劃，使有能力的住戶有購買單位的機會。早期的知名居屋項目包括火炭穗禾苑（1980）、屯門兆康苑（1982-1984）、九龍灣麗晶花園（1985）和鰂魚涌康山花園（1987）。2002 年 11 月，全球經濟不景氣造成樓價急挫，政府為了盡量減少對私人房屋市場的干預，暫停居屋的建設和銷售，以免供應重疊[4]。2011 年，經濟復甦後，為紓緩公眾對本港樓價高企的不滿，

彩虹邨（攝影：韓曼）

石硤尾邨

居屋計劃得以恢復。2017 年，一系列的新居屋相繼落成，已使約 50 萬個家庭實現了自置居所的夢想。

《住宅發售計劃》是房協的對應計劃，以優惠價格向合資格的中等收入人士出售房屋單位。在 1980 至 1990 年代，獲獎的設計包括荃灣的祈德尊新邨（1989）和將軍澳的茵怡花園（1997）。而位於青衣的綠悠雅苑（2015）由於配套較一般居屋優勝，並採用了比傳統資助房屋更接近私人屋苑的設計、材料和設備，因此甚受歡迎。

重建與活化

老化屋邨的重建工作已進行了半個多世紀。2007 年，石硤尾邨（1950
年代落成，香港首批徙置屋邨之一）的全面重建工程完成並正式入
伙，成為首個全面採用「通用設計」及支持居家安老的公共屋邨。
2010 年，九龍灣牛頭角下邨最後一批住宅樓宇被清拆，標誌著房委
會《整體重建計劃》的結束，該計劃旨在重建已變得殘舊的屋邨。

經過持續的社區參與，重建後的牛頭角邨成功地建立了一個新的有蓋
活動區，有三個不同的區域以滿足居民的需要：囊括舊屋邨文化元素
的文物廊、寬敞的休憩區和特別為長者提供老年設施的運動區。另一
個著名屋邨蘇屋邨的重建項目於 2019 年 2 月完成，其特色之一就是以
階梯式的樓宇高度回應上升的地形。新屋邨保留了舊蘇屋邨的設計理
念，同時，設計以「蘇屋三寶」——小白屋、燕子亭和金漆大門牌——
的形式保存了舊蘇屋邨令人難忘的特色，以增強居民的歸屬感。

居家安老

與其他先進城市一樣，香港的人口結構迅速趨向老齡化。香港目前的
平均壽命是世界上最高的，隨之而來的更是社會和健康問題[5]。房委
會自 2002 年以來積極回應政府發佈的居家安老（Ageing-in-Place）
政策，在新項目中採用長者友善的通用設計原則。新建屋邨將照顧到
不同年齡和能力的居民，並提供安全和方便使用的無障礙設施。同樣
地，在現有屋邨的翻新和改善工程中，長者設施和設備也得到充份考
慮並廣受歡迎[6]。

房協亦在 1999 年推出香港首個《長者安居樂住屋計劃》。將軍澳的樂頤居（2003）和佐敦谷彩頤居（2004）是該計劃兩個試點項目，為符合條件的中產階級長者提供「終身租住」單位。這兩座專門設計的住宅大樓設有平台花園，住客更可使用其中的綜合保健和娛樂設施，以及醫療和專業護理服務。在這兩個項目的成功基礎上，房協正計劃為不同收入階層的長者家庭提供更多的「長者安居樂」項目，其中位於紅磡利工街的第三個項目將在 2022 年年底落成 [7]。

2015 年，房協在北角興建的雋悅竣工，所在地前身是丹拿山邨。該首創項目採用了通用的無障礙設施和環境設計，旨在為經濟能力較強及期望值較高的長者提供優質住房。三座具有長者友好功能的住宅塔樓坐落於一個四層高平台，平台上有各種長者保健和先進的生活及休憩設施。自 2012 年起，房協在其管理的所有 20 個出租屋內都實施了「樂得耆所」居家安老計劃，通過社區參與和與政府部門、社會福利機構、醫療服務提供者以及學術界的合作，為長者居民提供一站式的服務和護理網絡，以幫助他們「居家安老」。

綠色建造與數碼技術

對於公共住房項目的建設和管理，房委會一直致力於綠色倡議，在建造過程中廣泛使用創新數碼技術。除了使用行業標準來評估環境可持續性的表現外，還採用了省卻裝飾、符合成本效益的設計，對建築材料進行生命周期成本計算，對其環境性能進行生命周期評估，並在採購過程中引入節約成本的誘因 [8]。最近，房委會亦大力推行使用預製混凝土組件配合組裝合成建築法（MiC）來提高施工質量與效率，而

水泉澳村

另一個採取的綠色舉措是碳排放估算（CEE）[9]。

至於數碼應用，BIM（建築信息模型）已於 2021 年在所有新項目的設計和施工階段實施，以節約成本和資源，提高效率，改善溝通和協調，並為預製和模塊化施工提供更多使用的機會和提高質量的保證。引入建造機械人技術，可提升建築質量和生產力，並進一步提高地盤的安全性。工序上採用無人機和其他激光掃描設備，在保證質量同時，亦有助減少人工勞動 [10]。

非標準和因地制宜設計？

房委會聲稱，自 2000 年起，公屋已逐漸摒棄所謂「火柴盒」式或倒

模式千篇一律的「標準型設計」，而轉向非標準和「因地制宜」設計。這原則還包括採用「構件式單位設計」（Modular Flat Design），讓不同的預製單元設計可組合成順應場地條件、更多樣的非標準設計。例子包括沙田水泉澳村（2016）、洪水橋洪福邨（2015）以及元朗朗善邨（2016）[11]。

「因地制宜」原意是指根據不同環境的實際情況來制定相應的妥善辦法，在建築設計中是一個非常積極正面的褒義詞。然而，房委實行的所謂「因地制宜」，只是「最大化發揮土地的發展潛力及提高經濟效益」，在高地積比率和覆蓋率的基礎要求上，實現最多的單位數目，為求「交數」。這些設計，往往未能把環境和場地元素融入其中來提升社區空間質量，和舊一代公屋的人文主義設計相距甚遠。至於「非標準」，在觀察每座大廈的平面時，它們確實各不相同，是非標準的。但是由於這些大廈都是由一些形態近似的住宅單元類型組成，實際效果卻成了比「標準型設計」更為單一的空間與外觀。受重視的「微氣候研究」利用數碼技術模擬，在規劃上優化屋邨綠化和健康社區空間設計，確保通風和採光；可是在「交數」的壓力下，這些技術卻成為了增加建築密度和尺度的手段[12]。

簡約設計與未來挑戰

回歸後的 25 年，香港經歷了許多風雨，但無論在公屋單位供應或是居住公屋的家庭數目上，都有明顯增長。房委會稱將繼續致力建造可負擔得起和管理良好的屋邨，並採用以人為本、節能、符合成本效益和「實而不華」的設計，而房協則承諾建造更環保和智能的房屋，並

採用適應性的單位設計，以滿足居民不斷變化的實際需要[13]。

然而，當平均輪候公屋時間又回升到超過六年（達到 20 多年來的新高），解決長期土地和房屋供應短缺必定是香港一個「重中之重」的挑戰[14]。就近期簡化土地和發展公屋程序的呼籲，我們期望會逐步增加和穩定住房生產，長遠實現更好的人均居住空間。

2022 年政府提出興建「簡約公屋」，以標準簡約設計及「組裝合成」快速建造，針對性紓緩公屋供應壓力，短期內縮短輪候時間。計劃旨在提供「簡約但適切的居所」，改善基層「劏房」住戶的惡劣居住環境，原意是可取的。但因計劃始終屬「臨時」性質，本質上與「過渡性房屋」無異，以致推出後在選址、造價和周邊配套設施上都被質疑，甚至被指延續「治標不治本」及「過渡完再過渡」的批評[15]。「簡約」設計如何體現宜居性和社會效益，我們唯有拭目以待，但解決長遠房屋問題，政府還需殷切優化公屋設計與及時覓地興建。同年房屋局倡議為新公屋制定「幸福設計」指標，亦望能透過設計，影響及強調住戶的「幸福感」（well-being）[16]。

對於未來公屋的展望，儘管過去的成就不能複製，體制上有多保守的障礙，條例上有多棘手的掣肘，建造和技術上有多嚴格的局限，我們仍要堅持思考及探索理想居所設計的創新及破格實行的可能性。在香港這發展日趨成熟的城市，未來公屋建設不能再停滯於提供「有瓦遮頭」的基本需要上，不能只著重滿足關鍵績效指標（KPI）「跑夠數」，而是要以體現人文匠心的信念及提升居民幸福感為願景，積極構思具體方案，作不斷的嘗試與改進，才能邁向安樂宜居城市的目標。

註

1　早在 1935 年，港英政府已成立了房屋委員會（Housing Commission），調查研究香港的房屋問題，該委員會甚至還在 1938 年提出了一個為低收入人士構想的房屋原型，但因香港的淪陷而被擱置。

2　香港房屋委員會的前身是香港屋宇建設委員會（屋建會），於 1954 年成立，是港府早期的公共房屋機構，職責是為當時「白領階級中的低薪者」，例如教師、記者、公務員以及文員等人士，提供水準較高而租金較低的單位。1973 年 3 月屋建會被新成立的香港房屋委員會取代，但英文名稱保留不變（Hong Kong Housing Authority）。

3　香港房屋協會（Hong Kong Housing Society）於 1948 年成立，是非政府及非牟利機構，最早建成的項目為深水埗上李屋（1952）。房協是香港現時三個提供資助房屋的機構之一，另外兩個是香港房屋委員會及香港平民屋宇有限公司。1950 年代，由非政府組織興建的資助房屋有香港平民屋宇有限公司 1952 年在九龍仔大坑西興建的平房區，同年還有香港模範屋宇會在北角興建的模範邨，以及 1954 年香港經濟屋宇協會於大角咀興建的葛量洪夫人新村（1980 年代拆卸）。請參考徐頌雯（2016），「非政府組織能否繼續為香港提供公屋？」，《香港建築師學報》，第 72 期，76-79 頁。

4　自 1997 年亞洲金融風暴後香港樓市跌至新低，經歷了董建華「八萬五建屋計劃」的失敗，時任房屋及規劃地政局局長孫明揚公佈九項俗稱「孫九招」的救市措施，希望藉調控土地及房屋供應，從而穩定樓市。

5　Lam, C. & Fong, B. (2020). "Ageing in Place" - Social and Health Implications in Hong Kong. CAHMR Working Paper Series 1 (1), 1-10.

6　Mesthrige, J. & Cheung, E. (2019). Critical evaluation of 'ageing in place' in redeveloped public rental housing estates in Hong Kong. *Ageing and Society 40* (9), 1-34.

7　其他規劃中的房協項目包括粉嶺的百和路、觀塘花園重建和筲箕灣的明華大廈重建。

8　馮宜萱和衛翠芷（2007），「香港公共房屋設計 10 年回顧」，《世界建築》，第 208 期，58-63 頁。

9　香港房屋委員會及房屋署（2021）2020/21 年度年報，43 頁。

10　香港房屋委員會及房屋署（2021）2020/21 年度年報。

11　香港房屋委員會及房屋署（2018），「依山而建：水泉澳邨、洪福邨、朗善邨」，《香港建築師學報》，第 74 期，51-54 頁。

12　黃雅婷（2019），「【公屋狂想曲·三】換湯不換藥的構件設計，香港公屋千篇一律之謎」，《HK01》，2019 年 3 月 7 日。

13　香港房屋協會（2018），「香港房屋協會 70 周年紀念特刊：創宜居，活社區」，75 頁。

14　行政長官 2022 年《施政報告》中提到「我們要突破掣肘，創造供應，解決短期內公營房屋供應短缺的問題，同時穩定私營房屋的供應。」同樣重要的是從土地供應著手，在各環節提量、提速、提效、提質，落實能持續增加供應的長遠計劃。政府新聞處 2022 年 10 月

19 日公佈:「土地房屋屬《施政報告》重中之重項目。」

15 李淑瑤（2023），「簡約公屋｜簡約了建築和設計別簡約了這一大問題」，《HK01》，
2023 年 2 月 6 日。鄧永成、葉鈞頌、梁漢柱、馮國堅（2017），「『過渡』措施目的成謎
勿把城市簡化為宿舍」，《HK01》，2017 年 11 月 16 日。

16 「幸福公屋」，就係媒體，2022 年 10 月 27 日，https://beinghongkong.com/27-10-
2022。根據五大指標:「綠色生活」、「活力健康」、「社區聯繫」、「樂齡安居」、「跨
代共融」，逐一進行主題性改善工程，希望提高住戶的幸福感。

12

規範塑造的香港
居住社會面貌

建築是歷史的載體，以及城市美學品味
的反照，城市透過建築揭開一層層的年
代，並與這些年代共鳴，是社會價值觀
的宣言。

陳晧忠
註冊建築師

香港已進化成典型的密度高、佔地少的垂直城市——720 萬人生活在僅僅 120 平方公里的地方中。香港每個年代都有它的「特色」建築，直接反映時代的社會經濟及民生的實際所需。然而建築也是歷史的載體，以及城市美學品味的反照，城市透過建築揭開一層層的年代，並與這些年代共鳴，是社會價值觀的宣言。

建築物條例的規範對於各個時代、城市的建築面貌，起著至關重要和立竿見影的作用。建築物條例一次又一次的更新，規範和條例的演進，都跟隨社會的需要、環境的變遷、民生的訴求、建造方式而不斷作出調整、修改，針對被社會大眾關注的現況而作出適切回應。可惜的是，發展商因要「炒盡」地皮發展參數，私人房屋發展的平面佈局、形態體量、高度外貌都無可避免地受到條例規定所牽制。沿著時間軸回看 25 年前的私人住宅發展，可以窺見當年規範所促成每一個年代的居住產物，間接造成不同年代的社會形態和城市景觀。

回歸前八、九十年代的「發水樓」

九七回歸前八、九十年代的建築以實用先行，在那個經濟狂飆的年代，發展步伐也無法停下來，私人房屋市場大都採用當時流行的窗台（Bay Window）、預製外牆組件（Precast Facade），擴闊分層電梯大堂、走廊（Wider Lift Lobby and Corridor）等，還有豪華的會所設施。當時會所豁免面積最多可達住宅用途總面積的 8%，原意是讓用家有更宜居的生活環境，和享用適意的會所設施。正由於不用計入建築面積，往往成為住宅項目面積發水的成因。

　　　　　　　　　　　　　　| 建築設計 |

所謂的「發水面積」是指落成的發展總面積，比起原有容許的建築面積超出二至三成。雖然這些面積不用計入地積比率和覆蓋率，但是項目實質上的面積和體量卻增大了。還有當年未實施《一手住宅物業銷售條例》[1]，規管售樓說明書展示售樓單位和售樓模型的標準，曲線造就既不透明又不知所以的實用面積，被人詬病低實用率，「發水樓」因此出現，而當年最為人批評的是用家付出高價錢買回來的單位面積，跟實際可用的面積落差實在太大！

回歸前的年代，建築條例還沒有批准黑廁（沒有窗戶的廁所），而開房式廚房（Open Kitchen）的設計需要提交消防性能化報告（Fire Engineering Report），經批准才可提供；為了避免單位互相對望，保持適當的私隱度，又要確保每個居住空間如客廳、飯廳和睡房都能符合自然採光和通風等要求，需要大量面向室外的寬度，所以開則上不得不遷就居住空間的平面佈局，俗稱「鑽石型」開則便應運而生。鴨脷洲海怡半島、藍田滙景花園、天水圍嘉湖山莊，紅磡黃埔花園等，可謂八、九十年代極盛一時的典型例子，對當下的城市景觀有著深遠的影響。

千禧年代的「屏風樓」和「蛋糕樓」

千禧年代為了應付住屋剛性需求，政府在個別地區採取彈性和酌情權去放寬地積比率和高度限制，同時規劃署、屋宇署和地政署聯合發出作業備考，鼓勵加入環保元素的舒適生活設計，容許環保露台（balcony）和工作平台（utility platform）一半面積可以豁免建築面積的計算；再加上玻璃幕牆豁免面積，發展商藉著這些舒適生活設施

八、九十年代極盛一時的「鑽石型」平面佈局

｜建築設計｜

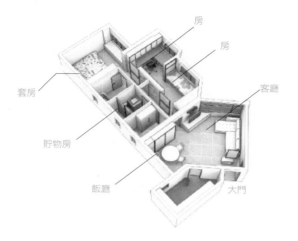

房

房

套房

客廳

貯物房

飯廳

大門

所獲得的更多豁免面積特惠，建造更多可售面積，從中賺取更大的利潤。這無疑地增大建築體量，變相形成更多「發水樓」，造就往後出現的「屏風樓」、「蛋糕樓」，加劇城市熱島效應。

「蛋糕樓」是指基座有數層商場、停車場或巴士總站等，然後在基座上蓋矗立多幢住宅樓宇，猶如插上蠟燭的生日蛋糕般的住宅項目。這類型的樓宇在香港俯拾皆是，將軍澳的大型私人商住發展項目，大多採用俗稱蛋糕樓的固有規劃模式，往往由龐大裙樓加上數幢千篇一律的「倒模式」高層住宅大廈組成，摒棄傳統以地面街道為主體的社區生活，行人／居民大多利用各商場裙樓的連接橋穿梭不同屋苑，與周圍地區的道路網絡失去聯繫，造成面向街道的地面空間大多配置機電設備房，沒有商舖，不鼓勵居民步行，街道變得死寂，杳無人氣。加上由於大型平台式發展項目佔地太廣，不少屋苑平台屬私人空間，令屋苑居民與周圍環境割裂，無助融入社區，而區內市民亦無法享用屋苑內的私人空間。

鐵路沿線區域、車廠旁或車站上蓋，必定興建密集式高層住宅塔樓和「蛋糕式」裙樓，以車站為紐帶中心，帶起了大型商場和「軌道村莊」，這種成熟的綜合物業發展模式稱為「公共交通導向發展」（Transit Oriented Development）。作為在超大尺度、高密度和龐大建築體量構建的小型發展城市，以塔樓形式出現的集合住宅成為了最主要的建築類型。香港站、九龍站、奧海城及東涌站等便是其中表表者。而這些龐大「蛋糕樓」建築群形成的高密度規劃，無形中形成更長、更高的屏風樓，對環境會造成嚴重問題。基座會增加地面的街道壓逼感，而上蓋樓群太密亦難以令空氣流通，令廢氣積

　　　　　　　　　　　　　　　| 建築設計 |

將軍澳港鐵沿線的龐大住宅建築群，形成蛋糕裙樓和屏風樓的城市現象，屏風樓加劇城市熱島效應，影響當區的微氣候和空氣質素。

黃竹坑港鐵車廠上蓋的物業發展共分六期，成為港島區內另一個高密度和龐大的公共交通導向發展的小型城市。

聚，加劇城市熱島效應，影響當區的微氣候和空氣質素，區內變得更悶熱和局促。

2011 年可持續建築設計指引

為了解決大眾市民日趨關注的「屏風樓」、「蛋糕樓」，和減少城市熱島效應等環境議題，政府再次出手，屋宇署於 2011 年制定全新一套可持續建築設計指引（Sustainable Building Design Guideline）的作業備考，用意是制止一系列發水樓設計和紓緩城市熱島效應對環境所造成的影響。內容包括收緊部分環保／適意設施、非強制性的機房及設備寬免面積的上限，為可容許建築面積的 10%，和只容許地下停車場才可豁免面積，鼓勵發展商將住宅車位樓面向下發展，以減少

　　　　　　　　　　　　　　| 建築設計 |

建築物龐大體量，杜絕蛋糕式龐大裙樓的設計，從而改善地面行人街道的對流通風，提升行人的舒適度，締造可持續建築環境。

而其中一項可持續建築設計，便是對綠化上蓋面積的要求。這項政策誘因鼓勵發展商大量增加綠化設施，注入建築室內外空間，推動綠色建築設計。同時亦引證了政府推行誘因環保設施政策達到一定的成效。

自 1998 年香港國際機場搬遷至大嶼山赤鱲角後，舊啟德機場一直丟空曬太陽十幾年，直至梁振英擔任特首的年代，正式推出啟德新區第一和第二幅「港人港地」的地皮，作為住宅及商業發展項目，旨在回應市民置業的需求，解決社會上深層次的住屋問題。新區銳意改善以往千篇一律的規劃方式，將建築物撥歸原地，回復有人氣的街道，營造一個有性格，有活動，有面貌的新社區。

啟德住宅新區由啟德河分為南北兩弦區域，每個區域再劃分為六塊呈長方形的土地，供發展商競投。上下六塊土地的地契條款大致一樣，都是透過一系列的城市設計規劃控制參數，制定一個設計大綱及模式。建築物的組合佈局及外形，是為達到協調和高素質的城市發展，從而實現啟德的規劃願景及締造一個鮮明的視覺形象及外觀。當然，經歷首幾幅土地項目落成後，成文的地契條款文字上有更具體和肯定的發展限制的改變。

從規劃藍圖原意來看，設計出發點絕對是好的，但實際操作上，發展商如何演繹地契條款內的設計參數，其實跟政府的想法可能有很大落

啟德新發展區內首個港人港地的住宅發展，將建築物撥歸原地，回復有人氣的街道，
祈願營造一個有性格，有活動，有面貌的新社區。

差。看似鼓勵在發展項目設計上盡量富靈活性和彈性，但現實卻變成
一重枷鎖、一道限制建築師創意設計的緊箍咒！

其中一項影響建築物整體佈局設計（Master Layout Plan/
Deposition）的規劃參數，分別是「紅色」和「藍色」的建築物控制
線和建築物投影長度（Projected Facade Length）的限制。建築物
需在佈置時緊貼（Abutting）此控制線，並且每座建築物投影長度不
能超過 40 米，而總體建築物投影長度亦不可多於 65 米；目的是將
夏天和冬天常盛風引入市中心，形成相當闊度的通風走廊以改善通

風，減低城市熱島效應。

過往其他市區地契沒有特定的建築物控制線的要求，但就啟德河南北兩弦已進行中的 12 幅土地發展，可見各項目建築師已扭盡六壬，將高層建築佈置成能享用最多維港景觀，將高低層建築間距做到最大，減少樓望樓的弊病，和保持單位的私隱度。建築師在這眾多規劃設計條件的限制下，是否可以設計出宜居的建築方案，將土地發展潛力發揮至最為合適，則見仁見智。不過，物業的售價始終跟市場掛鈎，最後發展成高檔的房屋產品，挾著市區新盤，毗鄰港鐵屯馬線的啟德站，這些落成的物業究竟有多少市民可以受惠和能夠負擔呢？

納米樓的元兇

「安得廣廈千萬間」，讓市民安居是過去幾屆特區政府重中之重的房屋政策之一。樓價高企，房屋供不應求是香港市民最關注的民生議題。政府一直大刀闊斧嘗試增加土地供應和致力構建置業階梯，例如恆常化「綠表置居計劃」和由市區重建局提供的「港人首次置業」先導項目；透過公平和具高透明度的「土地共享先導計劃」，以在短中期滿足公營和私營房屋的需求。

可惜，正所謂「道高一呎，魔高一丈」。現實並未如理想，「樓價高，上樓難」仍是現今水深火熱的社會問題。表面上單位售價看似普羅大眾可以應付，但實質上市區新盤動輒每平方呎超過 2 萬元。因此，為了將貨就價，原意針對發水樓的措施一再被發展商和建築師所「善用」，在已經細小的單位加上所有可能容納的豁免面積措施，造成近

幾年市場充斥豪宅化「納米樓」、「劏房則」的扭曲社會現象，一發不可收拾！

2014 年推出的《長遠房屋策略》完全沒有提出任何對應新供應單位質素的措施，政府僅透過長期增加房屋供應去解決上樓的問題，沒有就單位面積方面有任何著墨。「重量不重質」的政策思維下，無疑令房屋策略偏離「所有家庭可以入住適切而可負擔的居所」的願景。明白覓地建屋需時，就算有地可建屋，其供應的單位數量也有限，政府只強調量不提質，以量來「充數」；單看私人房屋新供應，在樓價高企，發展商將貨就價的前提下，縮細單位面積，造成大量「納米樓」湧現市場。

這反映政府一向欠缺人均居住空間標準的政策視野，將「細」作為增加單位供應的方法，造成可負擔「納米樓」的錯覺。長期以來，重量不重質的房屋政策、一直放寬規劃、建築物的法規和樓面面積豁免優惠，使納米單位近幾年倍增，深深植入由地產投資邏輯主導的私人房屋市場之中。

不少納米樓雖然只有百多呎，但已集合開放式廚房、睡房、客飯廳和黑廁多功能於同一個單位內。更甚的是它們仍有露台、工作平台和玻璃幕牆等豁免樓面面積的設施，導致室內可用面積買少見少，實質可活動空間更細，功能上產生潛在衝突。黑廁設計可減少每個單位面向室外空氣的寬度，無疑催使更多、更細的「劏房則」湧現。按研究發現，每個納米單位平均獲豁免總面積設施達 23.6 呎，佔納米單位平均面積（219 呎）的 10.8%，令買家以同樣價錢可以買到的室內居住

　　　　　　　　| 建築設計 |

集合開放式廚房、睡房、客飯廳和黑廁於同一個單位內；並包含露台、工作平台和玻璃幕牆等豁免樓面面積的設施。

空間細上加細，因此，政策優惠令納米單位相比正常面積的單位在比例上更不實用，起居和寢室空間變得更細小和更擠迫。

縱使政府可以於賣地條款加上限制單位面積的要求（俗稱「限呎樓」），但是地政署所指明的單位最小的面積其實是「實用面積」（Saleable Area），並非可用室內面積（Useable Floor Area）。這所謂的實用面積字面上可能令大家有點誤解，其實它已包含上述的豁免面積設施如露台、工作平台等戶外空間和近年住宅物業也大行其道的玻璃幕牆設計。這玻璃幕牆屬圍合室內空間，以強化玻璃為主要物料，構成外牆的一部分，實質上沒有增加室內可用面積。

對發展商而言，按照《一手住宅物業銷售條例》，這些豁免面積其實已包含在住宅單位的「實用面積」之內。豁免面積優惠政策賦予免地價的樓面面積，變相讓發展商的利潤提高，但住戶生活質素卻因此而受影響。如果政府要積極面對和處理納米樓的人均居住面積問題，更應從規定單位的「可用室內面積」入手，訂明最低面積標準。按《建築物條例》規定，可用室內面積簡單而言是指「地氈面積」，即只計算室內居住空間如客飯廳、睡房或相連走廊，但不包括廚房、廁所、儲物室和相關豁免面積設施。這樣才可確保人均居住面積不少於實際所需。

按民間非牟利組織「本土研究社」所編製的香港納米樓資料庫 2010-2019 顯示，由 2010 至 2019 這十年間，總共落成並推出市場的納米單位共 8,550 個，佔一手住宅單位供應的比例由 2010 年的 0.2% 激增至 2019 年的 12.9%，代表每八個一手住宅單位落成就有一個是納

米樓，其嚴重性遠超於政府統計數字所反映的程度。現時房屋市場以「豪宅化」為噱頭來包裝納米樓的價值，已遠遠拋離了香港普羅大眾可以負擔的水平，稍有能力購買的亦只會淪為富貴版的「納米戶」！此外，這類型的單位亦存在違規僭建、設計黑點、健康隱患、空間不實用及功能衝突等普遍趨勢。

新加坡政府視房屋為社會福利（Social Goal），視提供房屋為責任。因此，新加坡「因地制宜」和「以人為本」的建屋規劃不只是追求住宅供應量，更重要的是提供生活方式、宜居生活、人性化及有尊嚴的合理人均面積的公營房屋（稱為「組屋」）。難怪新加坡的置業率高達九成，比一般發達經濟體的七成高，人均居住面積為 323 平方呎。相反，香港目前的置業率則是 49.2%，人均居住面積平均只有 161 平方呎，更甚的劏房戶更只有 20 平方呎。

2018 年「裝配式建築聯盟」和「組裝合成」建築法

2018 年行政長官施政報告和 2019 至 2020 年財政預算案，均有篇幅提及推行「建造業 2.0」措施。內容包括以「創新」、「專業化」及「年青化」為方針，提升業界承載力和可持續性，增加生產力，加強建造監管和工程質量保證，改善工地安全，縮短施工期，減省建築廢料和減少對環境的影響，降低對附近居民的不便和滋擾等，不僅促進優質及可持續的建築環境，還有助推動行業改革。

無疑，現時香港建造業面對多種困難：建築年期太長、成本太高、人手短缺；尤其是個別工種的人手年紀日趨老化，年輕人又不願意

入行（例如釘板、扎鋼筋、澆灌混凝土等），造成青黃不接的景況；還有地盤高空工作等的潛在安全風險。因此，政府聯同建造業議會，領導業界創立建造業「裝配式建築聯盟」（Design For Manufacturing and Assembly Alliance），共同推動裝配式建築，以應付未來龐大工程量及業內人力資源短缺的情況。同時，亦竭力推動房委會和香港房屋協會，更廣泛使用「組裝合成」建築法（Modular Integrated Construction）和其他數碼化的建築科技如信息模擬技術、人工智能、物聯網等，從而壓縮及優化整個建造流程，目標是維持穩定的房屋供應。

有別於傳統建築方法，裝配式建築全面推動場外建造（Offsite Fabrication），鼓勵業界更廣泛採用由具規模及高度自動化的鋼筋預製工場所產生的預製組件；在場外的預製廠房會以製造業生產模式完成大部分複雜工序，包括主體地台、立面，室內裝修、屋宇設備安裝和衛生設施配置等，然後把已完成預製的模組單元運送至工地，便隨即吊運，猶如「砌積木」般逐一定位裝嵌成建築物。這不但可以提升行業生產力及項目成本效益，更能夠達到加強工程質量監管的目的。

這種「先裝後嵌」的三維構造預製成品（Volumetric Precast Component），配合創新科技的建築信息模擬（Building Information Modelling）系統幫助，將建築佈局、結構設計和機電設備信息化，以增強各範疇的相互協調效率，解決很多慣性出現矛盾和衝突的地方，如淨高度、管線走向、結構樑深度等，從而更能準繩地完善前期設計及協調相關工作，衝破過往二維空間的局限，促成組裝合成建築法。

香港大學學生宿舍採用混凝土組裝合成的方法建造

傳統在現場澆灌混凝土的施工法，往往受制於惡劣天氣和人手短缺問題，而組裝合成建築方式不單能縮短建築周期，提升建造質量、改善工地安全，更能減省達七成建築廢料。這種工業化、量產化革新的建造模式，由設計至安裝等每個環節，都要符合極高水平的可行性（Buildability）、準繩度（Accuracy）、安全性（Safety）及滿足法

例要求（Compliance）；還要兼顧及通過不同測試，例如抵禦風力和其他橫向荷載，整體結構堅固性及完整性，兩小時防火，以及隔音、水密性、氣密性、抗震等相關要求；更需獲屋宇署多方批核方可落實。

但是隨著建築物設計日趨複雜多元，形狀變化多端，非單一結構系統；室內空間亦不再是簡單幾何盒子，能重複單元並不多，便會失去製造工業化的規模和生產效率，繼而節省成本的經濟效益便會降低。由於預製組件大都是由混凝土建造，而且整個單元已與部分結構框架融為一體，將來若要做任何加建及改建，便會遇上一定的困難。因此「先裝後嵌」的場外建造模式，其倒模式的組件欠缺彈性和靈活性。

再者，這種建造方式由於講求標準化設計，所以最適合應用於學生宿舍、酒店客房等空間標準化的建築。現時政府亦推行先導項目，消防處的紀律部隊宿舍首次試行組裝合成建築；香港科學園的創新斗室（InnoCell）和香港大學黃竹坑學生宿舍的成功落實，也引證了建造業工業化的可行性和前瞻性。不過，傳統二維預製組件過往容許豁免面積，成為發展商普遍採用的一個誘因政策。所以發展局需要進一步考慮，研究提升組裝合成建築的總樓面面積寬免措施，從而誘發和鼓勵發展商，在私人住宅市場上加以推動有關技術。

作為建築師，我認為建築是一門集美學、力學、功能文化和歷史於一身的藝術，並非單純以工業產品製造模式，便可以單一化和標準化「因地制宜」和「以人為本」的建築設計。將我們生活的空間視為一個機械加以把持與認知的這套理念，如同工業產品般被製造的都市，將地域性以及土地固有的歷史與文化加以排除，帶來的只有單一、均

香港科技園 InnoCell 宿舍採用鋼鐵組裝合成和現場澆灌混凝土核心筒設計

質的生活環境，這真是我們想要建構的都市嗎？

「提速，提效，提量」，還要「提質」

歸根究底，以上種種扭曲樓市現象，一代一代倚重面積寬免而變奏出來的奇則和城市面貌，或多或少都和建築物條例所定明的規定有著莫

大因果關係。修訂建築物條例相關的規範是要與時並進，以配合當時環境、社會和市民訴求，形塑城市的幸福感，原意是正面和積極的。

可惜，條例的執行細節和程序上一直被指部門間互不協調，往往對共用的發展管制參數的定義存有差異，經常出現矛盾，甚至矯枉過正的情況，業界包括發展商、建築師根本無所適從，引致很多模糊的灰色地帶。在這市場主導、經濟效益和利潤掛帥的商業社會，這樣造就了許多濫用豁免面積設施的現象。本是為了促成宜居環境，卻造成更擠迫和更細小的居住空間，有違「安得廣廈千萬間」的政策理念，和「以人為本，以環境為念」的建築設計目標。

新一屆特區政府提出革新施政方針和展示解決房屋供應的決心，堅定地要「提速，提效，提量」。只提倡速度和效率，無疑可以增量，但是要同時針對以上種種樓市扭曲現象、改善居住質素和兼固質量，才可確保人均居住面積和質素。要落實「提質」這結果為目標，先要對症下藥，市民均期望相關政府部門能因時制宜，全面檢討豁免面積的特惠政策，審視居住模式、空間使用需要的現況與期望，從而找出住宅單位內活動空間的實際需要，建立不同類型和不同居住人數房屋的法定最低住宅面積標準，長遠納入樓宇發展監管制度，確保新供應的房屋可以滿足市民真正的居住需求，並非著重數字上的供應而供不得其所。更要檢討現行寬免面積的規範，和相關誘因政策。拿捏準確，平衡商業利益和生活質素，豁免設施才不會被濫用和導致不理想的居住空間、生活環境和城市景觀。

| 建築設計 |

註

1　《一手住宅物業銷售條例》部分條文於 2013 年 4 月 2 日起生效，包括條例的生效日期、條例的釋義，以及讓房屋局局長委任公職人員負責及協助執行條例等條文；其餘條文於 2013年 4 月 29 日起生效，包括有關售樓說明書、價單、示範單位、參觀已落成的一手住宅物業、成交紀錄冊、一手住宅物業的廣告、銷售安排、臨時買賣合約和買賣合約、失實陳述及傳佈虛假及具誤導性資料等條文。

城市為人

建築與城市皆由人創造，成為了我們個人及集體的生命舞台。城市和建築是為人而設計，只因有人，城市才富有生命力。人的需要包括理性和感性，人亦需要與群體連結。優秀的建築和城市能滿足人理性及感情上的需求，增進人與人之間的聯繫，互相分享支持。以往的舊社區，不少都充滿著互相連結的街坊鄰里，我們又如何在

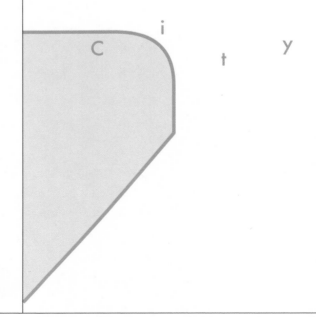

City

PART 4

新發展中保持這社區資產？城市原有的文化歷史，也是我們無形的資產，可否在新發展中再利用此資產，成為我們的特色？對於城市內的公共空間，我們可否增加人與人、人與自然的連結，增加人的共融？在城市人口老化的趨勢下，如何建造長者友善的城市？

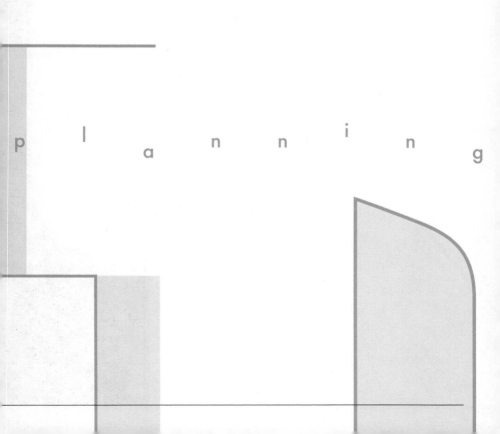

planning

13

市建局重建舊區：
是地產項目還是
民生工程？

我深信成立市建局的初心，絕非要創造
一個擁有公權、使用公帑的機構去進行
地產項目，而是要市建局辦好民生工程，
令市區更新成為民心所向。

譚小瑩
城市規劃師

市區老化不單是樓宇破舊和安全的硬件問題，還有劏房林立和社區設施短缺等社會問題，更遑論人車爭路等規劃問題。市區更新是紓緩市區老化的解決方案，它可以是由私人發展商或公營機關負責，但二者的動機、政策依據和手法都有分別，其付出的經濟和社會成本也因此大相逕庭。市區更新的難點和痛點在於如何減輕社會成本，而同時又具財務和社區發展上的可持續性。

舊樓的業主及租客，無論是住宅還是商舖，不少都在那裡度過了幾十個寒暑，累積了深厚的感情和社會網絡。就算收購補償合理，搬遷對某些住戶或商戶來說，不僅是連根拔起，有時候家庭關係還會因此翻起千重浪。

私人發展商進行市區重建最主要的動機是利潤。要有利可圖，收購業權的成本當然愈低愈好、時間愈快愈好、地盤愈大愈好，什麼產品和設計能獲取最高利潤，這是地產商考慮市區重建項目的最大關注。為了加快私人發展商推動市區更新，政府多年前推出了《土地（為重新發展而強制售賣）條例》（第545章）。此「強拍條例」有基本要求：強拍的樓宇要符合一定樓齡以上、現時維修狀況下理應重建、發展商已擁有法例所要求最少的不分割份數業權，及發展商已採取合理步驟獲取有關地段的所有不分割份數。這都是法例保障私人業權的體現，並沒有太大的民生和社會成本的考量。寄望發展商以地產項目的商業手法去改善舊區的整體環境和協助居民排難解紛，並不實際。本文會集中討論市區重建局作為推動市區更新的法定機構，在進行市區重建時的動機和手法、面對的困難和達致的成果，以及面對的挑戰。

　　　　　　　　　　　　　　　　　　　| 城市為人 |

2001 年：政府成立市區重建局處理市區更新

回歸前的香港政府為了更有效地推進市區重建，成立土地發展公司，發展了不少矚目的市區重建項目，如旺角朗豪坊、中環中心、尖沙咀K11、荃灣萬景峯等。回歸後，首任特首董建華看到舊區籠屋和板間房林立，生活環境極需改善，決定加大政府承擔。2001 年，政府根據《市區重建局條例》成立市區重建局，代替土地發展公司，推展更廣泛的市區更新工作；更注入 100 億資金，為市建局動用土地收回條例、免收地價、讓受影響而合資格租戶可獲配公屋等支持措施，旨在加快重建舊區。

土地發展公司於 1998 年 1 月宣佈 25 項重建計劃，其中包括後來富爭議的利東街、洗衣街及觀塘市中心等。計劃公開後業主們當然有所期望，更加缺乏動機去花錢為樓宇作應有維修，變相加速樓宇的老化。計劃過早公開也為投機者提供機會。政府後來把這 25 個計劃納入 2001 年的「市建重建策略」內，連同早前擬定的 200 個大大小小的重建計劃，共 225 個，希望市建局用 20 年時間完成。政府估算「拉上補下」，市建局在財務上總的來說可以收支平衡。

雖然 2001 年的《市區重建策略》有著墨評估社會影響，但什麼是社會影響卻沒有廣泛共識。市區更新在個人、家庭，以至社區層面都可以有不同的影響。市建局對直接受影響的住宅自住業主、商舖自用業主，都按照政策規定作出相當不錯的現金補償，好讓他們能找合適的替代物業。租戶方面，合資格的住宅租戶有機會盡速編配公屋，不合資格的住宅租戶（如已經享受了政府不同形式的房屋資助，或是收入

／資產超標），也可以獲得一筆不錯的特惠津貼。商舖租戶也一樣享有適用的特惠津貼。

金錢補償固然非常重要，但有時候並不足夠解決所有問題。我希望以幾個實例，說明市建局如何多走幾步，盡量為受影響的人排難解紛，減低住戶、商戶及社區在重建過程中的陣痛。

卑利街／嘉咸街重建項目（H18）

這是土地發展公司已宣佈 25 個計劃的其中一個。面積約 5,230 平方米，但卻被卑利街和嘉咸街分割為 A、B、C 三個地盤。如果純粹以私營地產項目去規劃，最理想是把街道納入重建地盤以增加樓面面積，統一收購，盡快清場，然後一次過重建。這樣無論是施工效率、現金流及財務回報，都有明顯好處。

市建局作為公營機關，並沒有以地產項目盈利至上的方式去規劃，而是以較全面的角度衡量地區的歷史和社區特點。首先，卑利街及嘉咸街有「百年市集」的歷史，多不勝數的小販和舊樓地舖售賣著各種各式的新鮮食材，蔬菜瓜果、肉類海鮮、鮮製粉麵、糧油雜貨，可謂應有盡有。不但服務附近居民，還供應區內很多食肆使用。

為了減低對商舖及小販營運的影響，市建局在 2009 年開展這項目時決定分階段清拆。首先清拆 B 地盤，把 B 地盤的鮮貨商舖先搬到地盤 A 及 C 已收購的空置地舖。接著在 B 地盤裡規劃了一所兩層高的街市，落成後讓希望繼續在本區營運的鮮貨商舖回遷，然後才清拆地

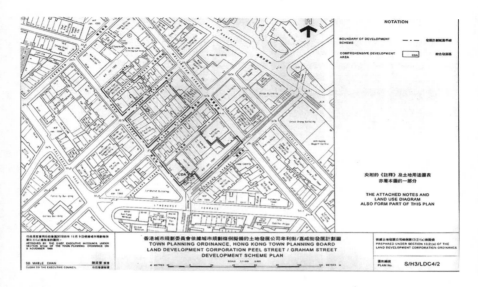

香港城市規劃委員會依據城市規劃條例疑備的土地發展公司卑利街/嘉咸街發展計劃圖
TOWN PLANNING ORDINANCE, HONG KONG TOWN PLANNING BOARD
LAND DEVELOPMENT CORPORATION PEEL STREET / GRAHAM STREET
DEVELOPMENT SCHEME PLAN

上｜嘉咸街 A、B、C 三個地盤
下｜嘉咸街的新式排檔和推廣活動

盤 A 和 C。這樣的安排使整個重建時間表由原來可以 10 年內完成拉
長至 15 年。

由於小販們在重建地盤之間狹窄的街道上繼續營運，市建局在開展重建初期，為小販們重新設計了一些易開關及有可伸延支架的「變形金剛」攤檔；更為他們安裝獨立電錶，替代存在已久如蜘蛛網般接駁到旁邊舊樓的電線，將隱藏的公共安全及防火問題完全解決；還為這百年市集舉辦了購物有賞的活動，使市集風采依然。

觀塘市中心重建（K7）

觀塘市中心重建項目也是土地發展公司 1998 年公佈的計劃之一，是市建局已開展項目中最大的，佔地 53,500 平方米。觀塘市中心是該區最早期發展的地方，是觀塘區的交通樞紐，亦是居民日常求醫、購物、娛樂的集中地，除了商舖、銀行、戲院、麻將館，還有兩個用鐵皮臨時搭成，環境差強人意但又營運了多年的「臨時小販市集」，當中有差不多 120 個擁有小販牌照的檔口，主要出售一些普通市民能夠負擔的生活用品。

市建局雖然在 2008 年啟動項目時是整區同時進行收購，但為了使市中心的功能不間斷，同樣採取分階段清拆和重建方式。這樣也減低了千多戶人家和幾百個商戶一下子要同時尋找居所或商舖的困難。

談到搬遷，很多業主在舊區裡住了幾十年，年紀大了，沒有什麼收入，只有自住的一個單位，就算得到相當於同區約七年樓齡樓宇的呎價作收購價，他們很多都情願買入 20 年或以上及有電梯的較新單位，居住條件當然比原來舊樓改善，又不需要爬樓梯，但更重要是留下多一點養老錢。

| 城市為人 |

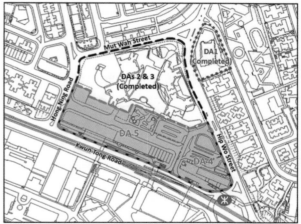

上｜觀塘舊臨時小販市集

下｜市建局分階段清拆示意圖

幾十年沒有搬家，忽然要找一個新居所，從何入手？有家人幫忙當然放心，但家家有本難唸的經，並非人人與家人和睦。項目內有一位女士與家人分開居住，獨來獨往，想找一間二手居屋，又不懂選擇。市建局的同事義不容辭，陪她四出看樓。有時地點不錯，但價錢太高，或是樓層方向不合意，幾經波折終於找到合心水的單位，高高興興搬進新居。

觀塘市中心那 120 個有牌小販是賣乾貨的，毛巾、睡衣、內衣褲、髮飾、銀包，真的包羅萬有，價格相宜，顧客多是街坊。由於食環署收小販牌照費不高，且多年來也沒有發新牌照以增加競爭，小販們就依靠小小攤檔養大兒女，有些更能在區內置業。逐漸他們年紀大了，便通過聘請小販助理的途徑繼續營運，這其實是變相把攤檔出租。項目內的臨時小販市場需要清拆，怎麼處理這問題，有多個可能性：讓他們停業幾年，待重置於 2、3 期的永久小販市集落成再復業？又或在附近找些分散、露天的政府閒置土地作過渡營業？從成本和效率角度考慮，市建局是可以考慮作出停業補償，但這樣做攤販可能流失長期的顧客，觀塘居民也少了可負擔的選擇。

市建局最後決定先建一座兩層高的過渡性小販市集，環境比前大大改善，有電扶梯、公廁、自來水和排水系統等，受影響的攤販可以無縫銜接地搬進去。這個安排動用的財力人力實在不少，但總算暫時提供了一個過渡場所，待日後搬到永久市集繼續經營。

除了小販市集，還有老舊的政府診所及超出道路負荷的巴士與小巴運輸設施。在這 5.35 公頃重建區內，如何通過詳細的規劃，取得政府

｜ 城市為人 ｜

上｜新建的過渡性小販市集，在二、三發展區的東南角。
下｜新建的過渡性小販市集

及各持份者的支持，以螞蟻搬家的形式分階段進行重建以減低社會影響，是市建局當時的考慮重點。

或許有人會質疑這種處理方式的效率和財務成本，但我深感以民生工程為出發點去處理市區重建，與持份者保持有效互動，以及令整體社會得到更大效益，是更為重要的。這是市建局和私人發展商推行市區重建的分別。

2011 年：市區重建策略檢討

2006 年天星碼頭鐘樓及 2007 年皇后碼頭的遷拆，引起社會對保育與發展的激烈辯論，本土身份認同的思維也逐漸高漲。利東街被市民俗稱為「囍帖街」，洗衣街叫「波鞋街」，甚至傳統的文具店、涼茶店、裙褂店都被認為富有香港本土文化價值，更何況是戰前的騎樓式建築？社會上有不少人批評，市民沒有機會表達自己區內應該保育或重建的地方；沒有機會讓深受市區老化影響的居民主動邀請市建局重建他們的樓宇。還有一些老街坊認為重建完成後，因樓市走高，他們無法用得到的補償購買單位回遷。當然也有人質疑政府協助市建局動用《收回土地條例》去整合未成功收購的業權等。

時任發展局局長林鄭月娥因此在 2008 年決定檢討《市區重建策略》，希望糅合不同的社會觀點，通過聚焦的研究和借鑒亞洲不同城市推行市區更新的方式，修改《市區重建策略》，令未來的市區更新工作能更符合社會期望。她成立了相關的督導委員會並親自主持會議。

《市區重建策略》舉行的討論會

市建局除了開展對市區舊樓樓宇的狀況調查，分析失修程度，更進行六個城市：上海、廣州、新加坡、東京、台北和首爾的市區更新研究，比較相關的政策。兩年的檢討以客觀研究結果作基礎，廣泛諮詢持份者，舉辦了多場論壇及專題小組討論。

研究發現，香港政府在市區更新方面的承擔是最大的。市建局通過直接策劃重建項目，收購私人產權或收回土地，作出補償和拆遷，在處理完整體規劃、補償搬遷，把對社會的影響降到最低後，才與私人發展商合作重建。其他城市的政府較少直接參與，多擔任促進者和監督私人市場的角色，他們的常用手段包括增加地積比率、提供稅務優惠，也有投資基建。還記得有一位台北學者官員，在訪問中語重心長

地說，重建好像拉起一張舊地毯，會翻起厚厚的塵埃，政府直接參與會很吃力的。

我記得在策略檢討中討論收購賠償的議題時，有一位專門把住宅單位分拆為細小「劏房」出租的業主，認為市建局應把他的物業歸類為商業運作，以此為基礎作出賠償。這說法實在混淆視聽。

林林總總的建議都在這次檢討中得到充份的討論，督導委員會採取破格思維，研究多項新政策。2011 年，新的《市區重建策略》面世，清楚表達「以人為先，地區為本，與民共議」的工作方針。

主要的新策略包括：

（1）建立市區更新地區諮詢平台，尊重地區人士對區內不同地方應該重建／保育／復修／活化的願景；

（2）重建工作用多元模式進行，以回應業主的訴求。市建局可繼續一向的「執行者」角色，自行開展項目；業主也可以通過新推出的「業主需求主導重建」申請，主動邀請市建局執行重建；市建局還可以「促進者」身份向業主提供服務，協助業主集合業權，開展他們自發的重建；

（3）在住宅自住業主收購補償方面，除了繼續現金補償外，也提供「樓換樓」的選擇，以收購時的估值，鎖定一些指定新樓或未來才建成單位的樓價，避免業主受到將來市場價格飆升的影響。

市區更新地區諮詢平台在九龍城區先行，成功擬備九龍城市區更新藍圖。「業主需求主導重建」計劃廣受業主歡迎，2011 至 2016 年間，已成功開展九個業主需求主導的重建項目。可惜這些以人為先，地區為本，與民共議並有實效的好政策在短短幾年間便被終止。「業主需求主導重建」計劃可能是因為涉及地盤細小，規劃效益不高，也可能是因為無利可圖。市建局後來表示，會在油麻地及旺角地區研究一併檢討這計劃。

2021 年：油旺研究

市建局用了四年時間深入研究油麻地和旺角區，分析這個全港居住人口密度最高的地方（1,800 人 /1,000 平方米地面面積）。目標是如何能在重建上提速、提量。據我了解，研究過程中「與民共議」的成份甚少，研究結論似乎都指向如何大幅增加重建後的樓面面積，從而加大財務可行性。根據簡單的公開資料，將來油旺區可以分三個總體規劃概念框架（MRCP）推展重建：

（1）MRCP-（目標重建後保留現時的樓面面積）；

（2）MRCP0（目標重建後達致現時分區計劃大綱圖規劃容量上限）；

（3）MRCP+（目標重建後由現時住宅樓面面積 4M 平方米增到 4.7M 平方米；非住宅樓面面積 3M 平方米增加到 4.72M 平方米，總加幅達 34%。）（M= 百萬）

市建局公開表示，在未有足夠資源下，短期內只可以 MRCP+ 的框架進行，長遠而言如果有其他資源配合，或可以 MRCP0 或 MRCP- 的目標重建。在人口密度最高的地方增加居住和上班人口，是上策嗎？

我明白市建局在財務上的困局，尤其是當舊樓重建剩餘地積比愈來愈少，收購負擔隨市價上升而加重，但我認為市建局作為公營機關，萬萬不可以忘記市區重建的初心。

市區重建的初心

市區重建是為了改善舊區的生活環境。1991 年行政局通過「都會計劃」（Metroplan），其中一個主要目標是減低九龍區的建築密度，當時計劃在維港填海，提供重建需要的解決空間（Solution Space）。近期完成的全港空間發展策略《香港 2030+：跨越 2030 年的規劃遠景與策略》，說明中部水域填海及北部都會區都可以增加發展容量，提供調遷用地，以便加快重建老化樓宇；而不是大幅增加舊區本身密度，加重市區熱島效應、環境污染、交通擠塞、造成基建設施超負荷。

重建大範圍的片區，會同一時間影響大量的業主和租客，必須考慮如何保證有足夠公屋單位作調遷；確定鄰近地區是否有足夠吉舖替代，以及會否搶貴租金及樓價。

追求效率及經濟效益的同時，市區重建勿忘「以人為先」的工作方針。我深信成立市建局的初心，絕非要創造一個擁有公權、使用公帑的機

構去進行地產項目，而是要市建局辦好民生工程，令市區更新成為民心所向。

市區重建規劃是香港整體規劃的一部分，希望政府以適切的政策與財務安排支持市建局，在推行市區更新時貫徹整體規劃的目標。

（文中圖片從市建局網頁或公開報告中取得，在此答謝。）

14

從「移山填海」
到「還港於民」

要把全長 73 公里的維港海濱連接成
延綿不絕的海濱長廊，不能一蹴即就。
就像砌拼圖，可拼的便先拼。

吳永順建築師
海濱事務委員會主席

水深港闊的維多利亞港，自開埠以來就是香港的標誌。回歸以前，城市不斷發展，填海造地一直是解決土地供應的不二法則。故此，維港兩岸的海岸線不斷改變，在填來的土地上發展了大量的高樓大廈和高速公路。經年累月的填海再填海，令維港愈來愈窄，海岸離舊社區也愈來愈遠。

1997 年回歸前夕，立法局通過《保護海港條例》，訂明維港為香港人特別公有的天然資源，必須受到保護和保存。到 1999 年，城市規劃委員會為維港規劃訂下願景，希望把維港打造成一個具吸引力、活潑暢達和代表香港的地方，成為「港人之港、活力之港」。2003 年，規劃署亦完成了宏觀性的維港規劃框架，為維港總體規劃奠下基礎。

不過，這些框架就像紙上談兵，未能在社會上產生共鳴。那個時候，維港主要用作航道和船隻上落，海岸都被公路、貨物裝卸區和一些基礎設施如泵房等佔據。能夠讓市民大眾近距離接觸海濱的，只有幾個碼頭。

維港規劃的轉捩點，應是 2003 年的填海訴訟。當年中環填海遭保護海港協會提出司法覆核，認為填海工程違反《保護海港條例》。雖然經上訴後法庭判決政府勝訴，但判詞對填海條件訂下了極高的門檻。在維港填海，必須通過「凌駕性公眾需要」的測試。

由於訴訟事件引起社會對保護維港的極大關注，政府於 2004 年 5 月主動成立共建維港委員會，並邀請各專業團體、商界組織、環保組織及保護海港協會等，自行委派代表成為委員，就海濱規劃事宜向政府

| 城市為人 |

提供意見。當年在政府內積極推動成立該委員會，並破天荒地接受團體自行委派成員出任委員的，正是時任房屋規劃及地政局常任秘書長，2017 年就任第五屆香港特區行政長官的林鄭月娥。

委員會提倡公眾參與，在海濱規劃事宜上「與民共議」，所有會議都是公開進行，隨後更訂立了「令維港成為一個富吸引力、朝氣蓬勃、交通暢達和可持續發展的世界級資產」的海濱願景，並聯同政府規劃署制定了一套「海濱規劃原則及指引」，作為日後維港海濱發展的重要參考藍本。

要成就海濱願景，要「還港於民」，工作異常艱巨。維港兩岸海濱全長 73 公里，相等於 73 個地鐵站的距離。我們從整個海港的策略性規劃，到港九沿海各區的城市設計，到每個海濱項目的細節如涼亭、欄杆、座椅、綠化等佈局與設計，都要一一兼顧。我們形容自己的工作，就像空中的小鳥，時而高飛，時而低飛。高飛時看全局，低飛時看細節。我們主要與政府規劃署和土木工程拓展署合作，通過連串的公眾參與活動，做了多個地區性的城市設計研究，當中包括港島東區、北角至灣仔、中環新海濱、尖沙咀至紅磡、啟德發展區及九龍東等。此外，亦對由西九管理局負責的西九文化區規劃給予意見。

大型規劃實踐需時，但我們亦不忘盡早讓市民享用海濱。因此，西九臨時海濱長廊在 2005 年中秋節落成。灣仔貨物裝卸區搬遷後，該海濱變成了深受愛犬人士歡迎的寵物公園。雖然只有短短三年壽命，但至今仍為人津津樂道。

到 2010 年，共建維港委員會改組成海濱事務委員會，並由發展局局長出任副主席，冀能更有效地統籌各政府部門以推動相關工作。海濱事務委員會成立至今 2022 年間，連同屬下專責小組委員會共舉行了 190 次會議，討論與海濱相關的項目共 539 項。

要實踐「把全長 73 公里的維港兩岸海濱連成延綿不絕的海濱長廊，讓維港海濱成為人人可享的公共空間」這宏大願景，不能一蹴即就，只能見一步走一步。要知道，維港海濱並非白紙一張，有正在進行填海工程的，有仍然用作貨物裝卸用途和避風塘的，也有被其他政府部門、公共機構或私人物業佔用的。因此，要把海濱變成連成一線的長廊，就像砌拼圖，可做的便先做。

不過，海濱長廊一般由康文署當作公園管理，受制於《遊樂場地規例》，在管理上有不少限制。例如缺乏小商店和餐飲設施，沒有街頭藝術和表演，又不准自行車進出，與朝氣蓬勃的世界級海濱相距甚遠。在 2008 年的共建維港委員會年代，委員們曾到世界各地受歡迎的海濱取經，當中包括倫敦、悉尼、新加坡、三藩市及溫哥華等，以探索一個適合的模式以管理維港海濱。

既然由政府管理諸多規限，由私人機構管理又難以獲得公眾認同（早前星光大道延伸段的爭議便屬一例）；因此自 2011 年起，委員會便積極討論並建議成立專責的海濱管理局，以更靈活和多元化的模式管理海濱。第四屆行政長官在 2012 年上任後的首份《施政報告》，亦對成立海濱管理局的建議反應正面。

我們分別在 2013 和 2014 年就成立海濱管理局的建議展開兩階段的公眾參與活動，成員亦曾到立法會和九個與維港海濱相連地區的區議會做介紹；雖然市民對建議的細節有不同意見，但都對成立海濱管理局管理維港海濱表示支持。2016 年初，我們把最終報告向行政長官提交。可惜，2017 年的《施政報告》卻認為成立管理局「條件未成熟」，暫時擱置，實在令委員們非常失望。

面對海濱管理局成立需時，為了令海濱更活潑、更具吸引力，我們連同發展局海港組（2018 年升格為海港辦事處），把中環新海濱以短期租約模式租予經營者以舉辦不同的活動。此後，海濱出現了小型摩天輪，亦舉行了嘉年華會、遊樂場、餐飲活動、馬戲團表演、室內和露天演唱會等。這些活動，除了令海濱更朝氣蓬勃和多元化外，亦深受市民及旅客歡迎。

海濱管理局未能成立，政府決定先以專責團隊和專款專項的方式提升優化維港海濱的工作。海濱事務委員會將連同由海港組強化而成立的海港辦事處，繼續推動落實優化海濱的項目，進一步伸延維港兩岸的海濱長廊、美化周邊用地及改善海濱暢達性。政府亦在 2017 年預留 5 億元作首階段推動海濱發展之用。專款已在各區實踐多項海濱優化工作，例如紅磡碼頭、荃灣海濱、港島方面的西營盤和連接中西區海濱長廊中環段至灣仔會展海旁等。

到 2019 年 2 月，《財政預算案》宣佈預留 60 億元投入海濱建設，充份表現了政府對優化海濱的決心與承擔。相關款項會用作推展九個重點項目，當中六個在港島，三個在九龍、啟德及荃灣區，預計在十

年內把海濱長廊增至 34 公里，為市民提供約 35 公頃的休憩用地。

筆者經常形容，要把全長 73 公里的維港海濱連接成延綿不絕的海濱長廊，不能一蹴即就。就像砌拼圖，可拼的便先拼。2017 年 7 月前已開放的長廊長度為 18.3 公里，到 2022 年底則增加至 25 公里。其中至今最長的一段由卑路乍灣至炮台山長達 8.7 公里的海濱，亦在2022 年底接駁完成。要延綿不絕，斷截禾蟲便是必然的進化歷程。

自 2018 年起，我們把主要工作從規劃和諮詢轉移到專注落實階段。畢竟，市民要感受海濱，不能光在紙上，而是要落地。中環灣仔繞道 2019 年落成通車，釋放大量海濱土地，正好提供良好機遇，盡速落實開放海濱給市民享用。於是我們提出「先駁通，再優化」策略，將所有海濱工程率先做好沿岸部分並向公眾開放，又得到土木工程拓展署和路政處等基建工程部門多走一步，在完成繞道相關工程後把地盤再做簡單平整和裝置，便隨即開放。「先駁通，再優化」策略，讓我們可以比原定計劃提早 15 個月至四年把海濱開放。

「先駁通」的好處是讓市民及早享用海濱，但設計便相對傳統公園簡約。因此，為了增加海濱的吸引力，我們採用了「期間限定」策略，邀請插畫師、藝術家、設計師和建築師等在海濱添置不同的傢俬裝置，甚至是遊樂設施；而且設施也可不停更換。策略實踐兩年半以來，不但令不同路段的海濱成為受歡迎的打卡點，公共空間變化多端，遊人不斷有新發現；而且更提供了難得的平台讓本地設計師通過作品與市民對話。

值得一提的是，近年的海濱在設計和管理模式方面亦取得突破性的發展。為了增加海濱的親水性，我們以漸進式四部曲測試市民對「無欄杆海堤設計」的接受程度，推出後大家反應正面。此外，我們又推動有別於傳統公園管理模式的「海濱共享空間」，以「願景帶動」和較少規則的開放式管理，鼓勵市民以互相尊重和包容的態度共享海濱。市民可以在共享空間無拘無束地閒坐釣魚、散步跑步放狗狗、踩單車踩滑板踩艇仔；條件就是互相尊重和注意安全。這些「海濱共享空間」落實以來，深受大小朋友歡迎，假日人流絡繹不絕，場地內經常充滿著歡樂笑聲。

要把 73 公里長的海濱連成一線，就像愚公移山，只能一步一步的走。
我們的目標，是在 2028 年完成 34 公里。「因地制宜」的設計策略，
令海濱段段有特色，處處有驚喜。我們也會繼續推動更多元化的公共
空間管理模式。市民有選擇，總會找到心中所愛。

15

建築保育與
城市發展

建築保育與城市發展息息相關，
歷史建築得以保留，
令各區都有自己的地方特色。

林中偉建築師

建築保育專家

香港建築師學會古蹟及文物保育
委員會前主席

引言

建築保育與城市發展有密不可分的關係。過去有很多有價值的歷史建築，因城市發展被拆卸重建。較著名的例子有七、八十年代被拆的中環郵政總局、香港會所及尖沙咀火車總站，至今仍為市民感到可惜。直至千禧年後的甘棠第、利東街及天星皇后碼頭等保育事件，更加顯現歷史建築保育與城市發展之間的矛盾。隨著政府因應市民要求作出施政配合，政府或私人擁有的歷史建築保育已有長足發展，在香港城市發展中佔據了一席位置，但當中仍有很多需要改善的地方，值得一一探討。

回顧

回歸前香港作為被殖民管治的地方，經濟發展是最重要的考慮，歷史建築保育並未得到重視。與歷史建築保護有關的條文《古物古蹟條例》，於 1971 年才獲通過，1976 年正式執行，1979 年才有第一批法定古蹟。1980 年開始歷史建築評級制度，但只屬行政措施，沒有法律保障。此名單初期作政府內部參考，2007 年後才逐步公開，由此可見歷史建築保育在香港城市史內所佔的份量很低。九七回歸前，也有一些政府或土地發展公司（後改稱為市區重建局）擁有的歷史建築被保育下來，其中包括舊三軍司令官邸活化為茶具文物館，上環街市活化為西港城等。

1997 年香港回歸後，成功保育的例子開始增加，當中不乏具有爭議

油麻地紅磚屋

性的事件。例如港人集體回憶的萬金油花園拆卸重建為多層豪宅，反而保育了旁邊私人住宅的虎豹別墅。千禧年開始的最初十年，香港發生了一系列有關歷史建築保育的事件，令香港城市面貌產生了巨大變化。首先在 2000 年，土地發展公司打算拆卸油麻地紅磚屋進行重建，但因香港大學的研究而獲得保留，活化為油麻地戲院的附屬設施。這亦開啟了歷史建築文物評估制度，對市區重建產生了影響。同時香港大學建立了香港首個歷史建築保育課程，培育了不少本土保育專業人士，影響日後保育政策的推行及活化工程的執行工作。2000 年，首次有業主把私人擁有的歷史建築雷生春，向政府無償捐贈以作保育用途，繼而在 2008 年成為首批活化歷史建築夥伴計劃其中一個項目，在 2022 年更被列為法定古蹟。

2002 年首次有市民自發並保育成功的案例：甘棠第重建。最終政府向業主買下物業，活化為孫中山紀念館。同年政府與亞洲協會達成協議，把前英軍軍火庫活化為文化藝術博物館。這是首次有私人機構願意承擔巨大的建築及維修費用，保育政府擁有的歷史建築。這兩個案例表示了社會開始主動參與歷史建築保育，城市面貌有所改變。

2003 年市建局活化和昌大押，成為高級餐廳及商舖，被批評為仕紳化，平民百姓不能負擔收費，沒法進入欣賞歷史建築內貌。這些案例反映出保育歷史建築，需要付出不少金錢代價。如何平衡保育與城市發展，成為一大課題。同年，政府推行前水警總部活化計劃，想利用歷史建築開展文物旅遊，亦被批評為破壞文物地貌。這種以商業先行的保育方式，因要追求回報，難以構成良好的保育效果。最終政府改變策略，於 2008 年提出資助非牟利機構的活化歷史建築夥伴計劃，以非牟利方式，解決上述為追求利潤而破壞歷史建築的問題。現時該計劃已經完成了十多個項目，遍佈港九新界。

2005 年，利東街因市區重建而被清拆，引發了一宗有關保育社區的抗爭事件，雖然最終失敗，但結果導致保育藍屋留屋留人的成功。2006 及 2007 年因城市發展，發生了天星及皇后碼頭保育失敗事件，被公認為香港歷史建築保育最重大的里程碑，改變了政府之後的保育政策。在 2007 年施政報告，政府提出文物保育、文物影響評估、活化歷史建築、私人文物保育、設立文物保育專員辦事處及弘揚本土文化等政策；另成立發展局，負責協調有關部門處理保育政策。因此香港的城市發展進入另一階段，歷史建築保育受到一定的重視。例如以換地方式保育了景賢里、推出活化歷史建築夥伴計劃、提出「保育中

亞洲協會

環」：活化中環街市、荷里活道已婚警察宿舍、中區警署、中區政府合署、美利大廈及法國傳道會大樓、香港聖公會主教府建築群。市建局亦積極參與保育項目及改變了以往的重建方式，盡量保留街道網絡。但在留屋留人方面，仍未達到市民期望。此期間保育了「綠屋」、中環街市、永利街、上海街唐樓群、太子道西洋樓群等。另外私人業主也開始保育他們擁有的歷史建築，例如譚雅士大宅（Jessville）、中電舊總部大樓、毓秀街 11 號、盧吉道 27 號等。

雖然政府已經積極保育歷史建築，但隨著社區對保育的觀念改變，政府往往落後於形勢。尤其是在歷史建築評級及固有的框架下，往往與市民的要求產生衝突。

2011 年中區政府合署西座保育成功，反映出政府與市民在城市規劃及評級制度觀念方面的落差。同年發生的保育何東花園事件，反而是政府防止業主清拆重建，但最終失敗，反映出政府未夠決心把何東花園列為法定古蹟，亦沒有跟進行動，在規劃方面防止類似情況再度發生。2015 年保育同德押失敗、2016 年保育皇都戲院成功、同年保育閣麟街磚牆遺蹟失敗、2020 年保育主教山配水庫成功等案例，均與歷史評級有關。

探討

從上述過去 25 年的歷史建築保育事件，由於政府及市民對保育的觀念逐漸改變，在政策及行為方面都影響到城市發展的不同範疇。從不同的保育事件中，可以看到不同的問題，尤其是市民的期望及政府保

中環街市

育政策的落差。

在唐樓同德押保育失敗的事件中，可以看到現行的評估制度，對保育唐樓方面作用不大。私人擁有的唐樓基本上未能達到古蹟門檻，要在法例上加以保護是完全沒有辦法。私人業主保育歷史建築仍是困難重重，業主要面對很多不確定情況，其中最大的挑戰是如何符合現行建築物條例，同時彰顯歷史建築的文物價值。很多時若要符合現行建築物條例，具價值的歷史構件便會受到破壞。要平衡保育與條例所花費的時間及金錢是難以估計的，這正是為何業主寧願拆卸重建，不作出

保育的其中一個原因。香港現行建築物條例只有一種，不論過百層的高樓大廈或三四層高的歷史建築，也是用同一標準。雖然近年因應歷史建築保育，增加了操作指南，提供了一些參考案例，以應對歷史建築的先天問題，但不足以保育歷史建築的原真性。

在皇都戲院的保育事件中，政府仍然以舊思維對戰後現代建築進行評級，故此初期只評為三級。直至市民自發作出更深入的研究，發掘出更多歷史、建築、社會及原真性價值之後，才被評為一級歷史建築。事件引發起市民要求政府評估戰後五十至七十年代的建築，但要評估這批數以萬計的建築，以現時政府人手編制，實在難以於短期之內完成，日後矛盾一定增加。綜合雷生春、譚雅士大宅、中電總部重建、盧吉道大宅、毓秀街攝影博物館及皇都戲院重建等事件，反映出私人業主參與建築保育的趨勢。

在主教山配水庫的保育事件中，政府忽視了市民的期望，以為配水庫只是一個荒廢的地下構件，沒想到引起社會這麼大的迴響。政府亦從善如流，在短期內將配水庫評為一級歷史建築加以保育。反之在數年前閣麟街唐樓磚牆遺蹟的保育，政府便顯得無能為力。市民逐漸關注市區遺蹟的趨勢，政府應該加以重視。

展望

政府要從過去被動式的保育，轉變為主動式，避免頭痛醫頭，腳痛醫腳。要急市民所急，在爭議出現之前作出行動，消除市民疑慮。這需要市民的合作，上下一起規劃如何保育，讓持份者能在早期參與，共

上｜同德大押
下｜皇都劇院

同研究。在解決政府內部人手不足問題上，可以借助大眾力量。例如利用現有十八區的區議會，聯同當區居民，加上對香港歷史有研究的民間人士、學術機構及專業團體等，共同制定當區的文化地圖，把有歷史及文化價值的建築、遺蹟、構件、文化景觀等，一一記錄。然後把這些資料提供給發展局、規劃署、古蹟辦等有關部門作為參考，以制定出與市民期望相符的規劃及保育政策，減少將來的衝突。政府應該成立一個中央資料庫，把過往多年散落在民間及政府各部門，有關歷史建築或設施的文物評估報告、歷史研究、論文等集中一起，以減省人手重複研究，快速回應市民評級要求。

香港不像內地或外國，以點、線、面的保育方式，把整條歷史街道或整個歷史片區保留下來。香港可以用自己的方式界定點、線、面。例如具歷史價值的供水系統，由水塘、輸水橋樑、配水庫直至抽水站，可以視為一條線。像灣仔區分佈於不同角落的唐樓群，可以視為一個面。當市民遊走於區內，便能欣賞到不同年代及形態的唐樓，在腦海中串連為一個歷史建築面。現時的評級制度下，只把唐樓當作獨立的歷史建築來審核，一般來說唐樓沒有太大的歷史、建築、社會等方面的價值，多數評為二或三級，在現行的保育制度下，完全沒有保護作用。只有當它們作為整個片區來看，才能突顯出它們存在的價值，從而在法定的分區規劃大綱圖下加以保護。

在私人業主保育歷史建築方面，政府需要重新檢視現行城市規劃、土地契約、建築物條例及其他有關條例，以協助私人業主在時間及金錢上掌握到預算，消除不明確疑慮。其中包括以更改用途、換地或地積轉移方法鼓勵保育。現行建築物條例對歷史建築過於嚴苛，很多時需

主教山配水庫

要在結構上作出大改動，對歷史建築的文物價值造成很大破壞。內地及很多其他地方，多年來已經以專家論證方式，免跟隨現行建築物條例，減少對歷史建築的破壞。

建築保育與城市發展息息相關，歷史建築得以保留，除了文物價值之外，還可以減低城市密度，改善稠密街道的通風採光，令各區都有自己的地方特色，增加市民的歸屬感，更加愛惜我們生活的地方。希望透過以上這些改善方法，令未來的香港成為一個和諧及宜居的城市。

16

相約在街頭：
我們的街坊鄰里

街坊鄰里對於香港的未來發展，究竟可以
擔當怎樣的角色？究竟香港人希望香港未
來成為一個怎樣的城市？

羅健中建築師
The Oval Partnership 創始董事

五十年前，在 1972 年，香港政府為徹底解決當時的房屋短缺問題，推出劃時代的十年建屋計劃，同時亦為香港的街坊鄰里響起了喪鐘。

「磨鉸剪鏟刀！」

一如往常的午後，磨刀師傅提著工具箱，在街頭巷尾高聲叫賣。

那時候，我住在跑馬地聚文街的一幢唐樓，常常倚在騎樓邊上，看著每家每戶的尋常生活。街坊們一聽到叫賣聲，隨手拾起家裡已鏽鈍的刀具，便往屋外跑，交到磨刀師傅手上。

不消一會兒，磨刀師傅又再提起他的工具箱，走到下一條街繼續叫賣。那年是 1966 年，我剛好六歲。

聚文街上的建築物主要為建於二次大戰前的四層高唐樓，還有滿街的雜貨舖、理髮店、五金工場和車房。

我們住在其中一幢唐樓的一樓，環境也算開揚，單位後頭是個又深又窄的天井。為了幫補家計，我們會將多出來的房間租出去，最大的一間臨街房間租了給梁小姐。她燙了一頭曲髮，穿著很時髦。梁小姐人很好，她房間裡有一部麗的呼聲電視機，她常常會讓我和弟弟到她房間裡看黃霑和高亮主持的詼諧電視節目。一個肥胖禿頭的男人每隔一段時間便會來找梁小姐，每次當他來的時候，梁小姐都會把門關上，約一至兩小時後他才會慢慢離開。

聚文街向南一邊的唐樓全建在斜坡上，一樓單位的廚房連接著一個公家平台。斜坡往上走有幾層種滿大樹的梯田平台，遠處盡頭大約兩層樓高的地方有一堵高牆，後面就是香港猶太墳場。轉角便是東蓮覺苑和寶覺小學，每天早上都可以聽到穿著長衫的女學生在學校裡誦經。

一層又一層的平台吸引了大群流浪貓聚集，外婆一直想在那裡養些白兔和小雞，最後都不太成功。我的好朋友瑤瑤就住在隔壁，她和我的年紀相若，梳著一條長長的馬尾，放學後我們經常在平台一起踏三輪車，或逗逗那些流浪貓玩。

唐樓的各家各戶幾乎都是認識的。二樓住了一個警察，騎師住在三樓，再樓上的單位應該有一台鋼琴，下午時份天井裡常常傳來練習音階的琴聲。街坊們最愛和騎師有的沒的聊起來，或想從他口中套一點內幕貼士，希望能在馬場上有所斬獲。

那是個披頭四紅透半邊天的年代，車房裡的年輕技工們最愛點播 *Can't Buy Me Love* 和 *Michelle*。我們會在街頭表演披頭四的歌曲，逗他們發笑。有一天，其中一位技工把賓士車頭的星形徽章送了給我，我如獲至寶，興高采烈地將它帶回家。

1970 年前出生的香港人，對這種情境應該不會陌生。堅尼地城、灣仔、北角、深水埗、旺角、九龍城等等的街區鄰里，承載了很多香港人難忘的回憶。

然而，香港的街坊鄰里絕對並非是浪漫主義下的產物。

負責香港早期城市規劃工作的，大多為殖民時期的蘇格蘭裔工程師和政務官。當時華人主要聚居在太平山街一帶的兩層高相連樓房，採用背對背的格局，光線和通風都不理想，住屋環境十分惡劣。當時政府進行整治的目的是為了改善公共衛生，通過為華人提供合適居所，防止傳染病大規模爆發。

重新規劃後的華人新區，大多採用格子式佈局，為了方便賣地流程，各個地塊的尺寸和形狀均大致一樣。樓房前面均有一條寬闊的道路，以增加採光和通風，而樓房後面則留有一條 5 呎闊的後巷，供清理垃圾和「倒夜香」之用。殖民政府將地賣給地主後，地主們便建起一幢又一幢的唐樓，租給本地華人，地下做舖，樓上住人。唐樓（tenement）源自十八世紀蘇格蘭格拉斯哥和愛丁堡的民房公寓，這種蘇格蘭公寓模式竟然在千里之外的香港土地上落地生根，並異化成為一種有非凡活力的城市片區模式。

這些土地通過二次買賣，業權落到不同人手中。唐樓群就像一個大熔爐，聚集了不同職業、種族、宗教背景和社會階層的人，大街小巷成為了大家相遇邂逅的場所。

王家衛的經典電影《花樣年華》便以 1962 年的唐樓為背景，描劃了報館編輯周慕雲（梁朝偉飾）和年輕貌美的蘇麗珍（張曼玉飾）的曖昧邂逅，引發了大家建基於這種香港特色建築的無窮想像。

我當時沒有意識到，原來這段苦中帶甜的唐樓時光已經走到了盡頭。

1960 年代中後期，香港發生了多次騷動，根據香港歷史博物館的文獻，香港政府在事後檢討中認為，住屋環境擠迫可能是造成社會騷動的主因之一。

1971 年，麥理浩爵士出任港督。麥理浩為蘇格蘭人，在英格蘭接受教育，畢業於私立拉格比公學（Rugby School）和牛津大學，二次大戰時被英國情報機構 SIS（MI6 的前身）派駐到中國工作。

他特別關注房屋問題，並於 1972 年宣佈一項空前龐大的「十年建屋計劃」，致力建設公共房屋。這項計劃對香港公共房屋的發展影響深遠，同時亦加速了新市鎮及其基建配套的發展。

十年建屋計劃的重點內容如下：

· 在 1973 至 1982 年十年間，新建 53 個公共屋邨及復修 18 個現有屋邨，為 180 萬名香港居民提供設備齊全、合理的居住環境。

· 透過清拆及重建舊式徙置大廈，清理無牌小販攤檔，大大提升城市衛生環境，改善屋邨管理，提高公共房屋的住屋質素，紓緩擠迫的居住環境。

· 於市區以外覓地興建公共房屋，新市鎮應運而生，荃灣、沙田和屯門是首批配合新政策而發展的新市鎮。

在十年建屋計劃下的新區建設，大都採用一個很現代化的「綜合社區

發展模式」。新建的屋邨設有自己的商場、社區康樂設施、公園、停車場及公共運輸交滙處。

這種綜合社區發展模式始於二次大戰後的北歐，後來在英國成為主流，倫敦郡政府更於倫敦各區大力推行。

其中一個世界著名的項目，便是建於 1955 至 1959 年間，位於倫敦 Roehampton 區的 Alton Estate，可容納共 13,000 名居民，由塔形高樓和長條形板樓所組成，屋邨內設有長者居所、小學、商場、公共圖書館及醫療等設施。

至於香港首個採納此發展模式的公共屋邨，便是於 1971 年落成的香港仔華富邨，負責此項目的總建築師曾經被派往英國參觀學習。他以英國城市 Guildford 的規模作為藍本，將住宅、商場、社區中心融入一個多功能平台建築中。

他在提交給香港房屋委員會的報告中闡述：

「（華富）市鎮中心將成為整個屋邨的心臟，簡單來說，它是一個多功能平台，裡面設有商舖、食肆、社區會堂及購物商場，兩邊住宅樓的地面層同樣設有商舖、診所、留產院、郵局及公共圖書館，而平台樓下三層將提供青年中心、街市攤檔及其他公共設施，平台四樓大約兩英畝的空間將不設行車道，用作行人通道及休憩場所。我們正與運輸署和中華巴士公司洽談，在市鎮中心旁設置一個巴士總站。」

上｜英國城市 Guildford 的景色
下｜1971 年華富邨（圖片來源：政府檔案處歷史檔案館）

設計的構思是把原本充滿複雜性及矛盾性的真實城市中心生活，簡化為一個「多功能的平台」。這種思維，在當時現代主義思想主導的 1960 年代而言，是十分順理成章的事。

華富邨被視為一個成功的典範，成為後來五十年香港大型房屋發展的藍本，同時演化成為香港城市發展的主導模式。

百多年前，香港維多利亞城的創始人首次以西方的城市設計模式來規劃香港的地區發展；到了 1970 年代，政府再一次將西方的城市規劃模式，嫁接在香港的華人土壤上。這一次，香港人更被拉到了現代化城市生活的前沿。

在這些新型屋邨裡，居住、購物、社會服務、交通及園境被劃分成獨立功能的個體，分佈於不同樓宇和區域，再由動線空間連接起來。接受西方訓練的建築師和規劃師，在設計新市鎮的時候，會基於人口統計分析、社會需求、建築技術和經濟效益等客觀因素，去決定住宅樓宇的坐向，以創造最多的臨海單位，或者最合適的單位數目和佈局。

在那個大眾對「專業和科技能為世界帶來幸福」滿懷憧憬的 1960 年代，香港政府的專家們對他們的專業知識和能力所帶來的正面影響力非常樂觀，認為科學化的分析，配合中央規劃及管理，能夠將城市打造成為一台性能卓越、高效的「機器」，滿足社會各種功能需要，為最多人帶來最大的福祉。

在這些現代化的屋邨裡，街並不存在。街坊——即街道和坊巷——被

消失了，剩下來的是一個抽象的社區（Community）概念。新建的樓宇被行人專區、車路和園境包圍。為了提高建屋的成本效益和質量監控，樓宇設計被標準化，商店被移到商場內。大部分屋邨均由當時重新改組的香港房屋委員會一併興建和管理。

在這個美麗的新世界中，骯髒的無牌小販攤檔被一掃而空，再沒有街上的嘈吵聲擾人清夢。單位只能作居住用途，不容許任何辦公或者商業行為，也禁止飼養寵物。原本流連在又窄又亂的行人路上的老人和小孩，被轉移到安全和清潔的綠化休憩公園和遊樂場裡。充滿傳染病和罪案溫床的幽暗街角已成過去，太陽照亮了城市裡每一吋空間。

英女皇伊利沙伯二世在 1975 年訪港時，便到了剛落成的九龍愛民邨其中一個住宅單位探訪，一室光猛、開揚、通爽，是幸福家庭的理想居所。

自 1972 年起，政府先後興建了多個類似的大型公共屋邨，包括福來邨、瀝源邨、大坑邨和友愛邨。1980 年代，大埔、元朗、粉嶺和上水相繼發展成第二代新市鎮，緊接著的第三代新市鎮便有天水圍、將軍澳及東涌。自此，所有新市鎮以至公私營大型房屋的規劃設計，幾乎全都是綜合社區發展模式下的產物。

無疑，設計統一化、中央管理，被車路、園境和行人區包圍的樓宇、封閉式的冷氣商場，已經主導了我們當今的城市空間體驗。街區鄰里彷彿已湮沒於歷史之中。

2001 年某一天中午，我收到了一個電話。電話另一邊的人告訴我，政府正在考慮如何處置灣仔石水渠街的藍屋，引發了我的好奇。建於 1920 年代的藍屋是一個四層高唐樓群，三面圍合成街區，主樓面向灣仔石水渠街（見本文開篇圖片）。藍屋轉角有一家林鎮顯跌打醫館，據說是廣東武術宗師黃飛鴻徒弟的後人所開設的。

藍屋非常殘舊，沒有廁所，年老的居民每天出入都要踏上搖搖欲墜的窄長樓梯。那時候，藍屋大部分單位已經收歸政府擁有。

我花了多個月，深入了解建築物及居民的生活狀況，嘗試為藍屋探討未來可能的藍圖。

遷拆城市的舊樓，政府慣常的做法就是將居民安置入住公共房屋，或提供現金補償。大部分情況下，居民都會樂意接受搬遷安排，政府繼而會將殘舊的樓宇統統拆掉，將土地直接賣出，或間接透過市區重建局，和發展商合資，作綜合地區發展。

出乎大家意料之外的是，藍屋大部分居民都想留下來。

在藍屋殘破不堪的建築外殼下，竟然住著一群團結熱心的居民。在聖雅各福群會的協助下，居民自發組成藍屋居民權益關注組，爭取保育藍屋唐樓建築群。經過多年的努力，他們最終成功游說政府，創造了保育界的歷史。「We 嘩藍屋」是香港首個由居民自發爭取保留的街區鄰里，居民在藍屋成立香港故事館，舉辦關於本土歷史和生活文化的展覽、導賞團和活動。藍屋更設有多間採用可持續發展模式的社

上 | 灣仔藍屋
下 | 土瓜灣故事館「土家」

企，包括素食餐廳、咖啡室以及一間售賣本地有機農作物和時分券的商店，合力推動社區經濟發展。

2017年，We嘩藍屋獲頒授聯合國教科文組織亞太區文化遺產保護大獎。

在城市的另外一角是土瓜灣故事館「土家」。當時面對香港經濟轉型，加上沙中線鐵路發展，為土瓜灣帶來翻天覆地的變化。土家的出現，透過舉辦不同活動把街坊連結起來，讓大家一同面對和參與舊區的重建和蛻變。

還有非牟利機構「文化葫蘆」，自 2009 年成立以來，一直以保育和傳承本土文化為宗旨，多年來走進港九新界各區，舉辦社區藝術計劃，帶領年輕一代的藝術家、設計師深入民間，發掘當中的人情故事和街區情懷。

「雲吞麵 Wontonmeen」是位於深水埗的一幢 11 層高唐樓，業主把樓宇改裝成為一幢青年旅館，地面是長跑愛好者聚集的咖啡店，後面是舉辦文化活動的沙龍空間，二樓以上幾層是共享工作室，有不少設計師在此工作。在新冠疫情大流行期間，雲吞麵開放部分房間予受疫情影響而無家可歸的人暫住，咖啡店也為附近公園的露宿者供應熱飯。

街坊鄰里對於香港的未來發展，究竟可以擔當怎樣的角色？

或許這不再單單是專業規劃或者城市政策的議題；問題的癥結是，究

深水埗「Wontonmeen」

竟香港人希望香港未來成為一個怎樣的城市？

香港街區鄰里著重多元共融，不同的空間用途，各種規模和性質的商舖，以至社會不同階層和種族的人，都能在這裡和諧並存。街里並非純粹的動線空間，而是與居民的生活、工作和休憩息息相關，是與之不可劃分的重要城市肌理。「街坊」是實在和特定的 brick-and-mortar 城市構築類型，也同時描繪了居民的社會關係組織。

鄰里街區為居民提供一個有機的聯誼場所，讓來自不同背景或職業的人能成為朋友甚至合作夥伴。

人與人之間面對面的互動，對於發展創意經濟、推動科技創新，以至運作金融服務都至為重要。面對面的交流實在是自古以來城市存在最根本的原因。

香港鄰里街區能夠有無限活力的一個重要原因，是它的用途和使用權的多變及分散。某個單位今天可能是用作住宅，下個月變為工作室，再下一年又會改造成商店。業權由一個業主交到另一個業主手上，由業主到租客，再到數之不盡的分租客，甚至藏身在樓梯底的手機舖，形形色色，組合成鄰里街區裡豐富多元而靈活的城市面貌。

從現今的角度來看，香港的鄰里街區提供了一個極有韌性的城市生態系統，有助建立社會和文化資本，培養居民對社區的歸屬感和身份認同，同時鼓勵創意和協作，擁抱變化。鄰里街區能夠提供一個低門檻的環境，吸引許多創業家經營創新企業，透過推動和實現多元創新來提升生產力和經濟發展的活力。

港督麥理浩於 1970 年代所推行的新市鎮發展計劃，儘管其規劃設計原則屬於機械式，監管制度中央化，然而在當時的社會狀況下，它的確發揮了很大的穩定作用，為數以百萬計的居民提供了健康、安穩、相宜的居住環境，麥理浩無疑成功達成了他的目標。

時至五十年後的今日，香港的新規劃發展計劃仍然離不開麥理浩所訂下的範式——除卻因應需要而作出的局部修改，例如融入更多綠色環保元素，改善和內地的集體運輸系統銜接，或將工業邨更改為科技園。

　　　　　　　| 城市為人 |

香港已逐步轉型為創新型經濟，我們都希望透過推動創新和建立文化資本，去創造全新的價值。如何重塑香港，關鍵或許在於我們是否繼續沿用以往五十年的城市設計範式，抑或重新思考，以各式各樣的街區鄰里作為基礎城市設計元素，建設一個能夠讓多元共融、充滿活力、變化萬千和靈活適應的城市生態。在我們的新規劃和建設中重新發揮出來的未來理想城市——這種創新的精神正正是香港所擁有的最具生命力、最彌足珍貴的資產。

17

五十新家：
如何建造長者友善的城市？

面對人口老化的新趨勢，建築的力量就正是要回應人的需求——以家為本，居家安老。

胡令芳
香港中文大學內科及藥物治療學系教授

高家揚
香港中文大學賽馬會
老年學研究所註冊建築師

攝影：戴毅龍

城市需要規劃，人生亦然[1]。

香港人平均預期壽命持續增長，成為全球最長壽地方，長者人口在 2022 年達 20%，成為超高齡化社會（super-aged society）[2]，預期人口將持續老化，其速度會在未來 20 年顯著加快，長者人口在 2047 年預計達 33%，約香港總人口的三分一，社會的組成出現急劇變化。但回歸至今的 25 年間，我們似乎走進了死胡同，長者輪候各種服務的時間愈來愈長，衍生的身心健康問題也愈來愈多。

「壽命」：延年益壽是好是壞

「真係唔係好想太長命，千祈唔好慢慢嚟死！我哋唔係怕新冠肺炎，係怕將來……dementia，插尿喉，嘔喺張床到……仲慘！」（69 歲，男，護士）[3]

最近在香港的社區中心對 2,400 名 60 歲及以上的長者進行的一項調查顯示，生活需求未得到滿足的比例很高，其中最常見的問題是記憶力，並且在日常生活方面存在問題。因此，居住環境要滿足不同條件去應對常見的慢性疾病（如關節炎、中風）以及與年齡相關的綜合症（如感官和記憶能力降低、日常活動障礙），才能滿足生活和身體機能以及社交心理的需要。

而建築是構成城市網絡的節點（node），它不但是一個實體，更讓人和人、人和空間產生交織，否則再完美的設計，失去了人，都只是一座空城。因此，最有力量的建築不一定是雄偉壯觀，不一定是雕欄

玉砌，只要在需要的時候它恰恰出現了，那就是最有力量的建築，是一種感動，也是一種釋然。

踏入中年 50 歲，成為城市中流砥柱的一群，也是最好的時間建構自己夢想的家。香港住屋是長遠的人生計劃，一住住幾十年，住屋設計又是否能配合我們年老時的需要？本文探討自回歸後 25 年間，香港住屋設計與長者健康的成果，並展望未來 25 年（即回歸後 50 年），城市建築設計如何建造長者友善的理想家居。

「房屋」：「居家安老」政策以硬件為重

「講『長者友善』，多數仲係講緊無障礙通道、有扶手、有 call bell……都係……唔好俾佢死、唔好俾佢跌親。」（69 歲，男，社會工作）[4]

25 年前，政府已提出「居家安老」，期望提供足夠的資源讓長者能夠在熟悉的環境安老，在家人的支持下安全自主地生活。屋宇署在 1997 年訂立《設計手冊：暢通無阻的通道》指引，及後因為本港人口老化趨勢，在 2008 年更新《設計手冊》，加入長者所需設施的章節，為長者常見的問題，如容易跌倒、視力退化等提供設計考慮要點。政府其他部門，如建築署也在 2019 年發表《長者友善設計指引》，以加強本港公共設施的長者友善元素。但以上的指引都比較適用於建築物的公共空間，有研究顯示早於 1990 年代尾，立法會已有對住宅單位內部通用設計的相關討論，但到今天仍然只停留在願景和構思階段。雖然部分指引在 2000 年代有就住宅內部設計提出建議，討論核

心放置在硬件如何達到通用設計的標準和暢達程度，但軟件和運作上的融和方面的指引明顯較少。根據中大賽馬會老年學研究所在 2019 年共同撰寫的《跨區基線研究報告》，房屋範疇得分為 3.71（滿分為 6 分），是世衛八個促進長者積極和健康晚年的主要元素[5]中表現最差的一項。不少受訪者反映，擔心缺乏專門滿足長者需求的住房單位、擔心是否有合適長者的住屋環境，及年老體弱時難與子女靠近居住，這不但帶來安全隱憂，也影響生活質素。報告突顯政府在房屋層面未能提供足夠的支援，以實行「居家安老」。

「支援」：多項政策支援社區服務　唯覆蓋層面有限

「睇專科又要排幾年，睇急症門診，都等得好辛苦，全部都係個『死結』……」（72 歲，女，教育）[6]

政府的安老政策是以「居家安老為本，院舍照顧為後援」為大方向，除提出各種設計指引外，也撥款社區內的非牟利機構（Non-Governmental Organization）提供安老和支援服務，但在人口老化日益嚴重的香港，社區及院舍服務往往供不應求，輪候時間不斷增加。而且全港也只有少於 20% 的長者使用非牟利機構的長者中心服務，當中大部分是女性和教育水平較低的人士，意味著仍然有大量的需求未得到滿足。居住在私營房屋的長者尤其受到影響，因為社福機構資源有限，通常會將資源優先分配給公營房屋的長者，例如進行家訪、在疫情期間派發物資等，反之與住在私營房屋的長者連結較弱。

政府近年嘗試推行不同的先導計劃改善情況，例如在 2018 年和醫管

局合作推行「離院長者綜合支援計劃」，為剛離院的長者提供過渡期社區照顧及／或院舍住宿照顧服務，也在 2020 年推行第三階段「長者社區照顧服務券」試驗計劃，以「錢跟人走」[7] 的模式，讓長者自由選擇合適的社區照顧服務，分流他們對院舍服務的需求。計劃的推行是新嘗試，讓長者更彈性地選擇公私營服務。而且近年社福界也積極發展該服務，希望「補位」，擴闊服務到不同照顧階段，但無奈在疫情下，社區長者服務嚴重受阻，如在第五波疫情爆發期間，長者日間護理中心等停止提供服務，對長者的身心健康造成嚴重負面影響。不少報章報道長者出現抑鬱、失眠，甚至輕生的念頭。一些患有認知障礙症的老人在疫情下因無法到日間長者中心接受恆常的訓練，令病情急轉直下，情緒和行為變差，加速退化；疫情過後，患者情況亦未必可以得到逆轉，照顧者亦承受前所未有的壓力。

「合作模式」：持續性有限　盼建更多有效溝通平台

「小松隊個涵蓋好全面，喺嗰個精神層面上係拉闊好多，睇埋環境對健康個影響有幾大……帶我哋去到一個……全面、開心嘅層面。」（68 歲，女，物業管理）[8]

要有效推行「居家安老」，政府無疑是領頭羊。此外，非牟利機構也竭力為長者提供社區照顧和支援服務，推動長者友善，如獨立於政府的香港房屋協會（房協）就扮演著「房屋實驗室」的角色，在 1999 年推出「長者安居樂」住屋計劃，兩個試驗項目——樂頤居和彩頤居分別於 2003 及 2004 年落成，為首個集「居住、康樂設施和醫療護理」於一身的居所。後來，房協在 2015 年再推出首個非資助性質、只租

不賣的優質長者房屋項目——雋悦。

自房協在 1999 年首次引入住宅加院舍的居住模式至今已經 20 多年，無論是公營或私營，這樣一條龍式的房屋模式尚未被推而廣之。政府政策未能同步配合，發展商要承擔龐大的經營開支，個別發展商及整個行業的「規模經濟」（economies of scale）也難以達成，持續性有限。學術界近年也就「長者友善」進行不同的工作。例如中大賽馬會老年學研究所在 2019 年成立「小松隊」，邀請不同界別人士，為退休人士和學生進行知識轉移，跨界別思考構造長者友善城市的路向。雖然這些工作未必直接影響安老政策，但能持續喚起社會對「長者友善」的關注及提供研究數據，讓建築師、規劃師等在設計時能夠多一個參考，並建立直接的溝通平台，了解互相需要。

「基層醫療」：資源未能適當投放　醫社共生繼續發展

「一般喺香港啲公共討論，一講健康嘅嘢就好窄嘅，淨係睇醫生……電視台……今晚就講心臟病，聽晚就乜鬼病，跟住有個乜乜癌咁。」（65 歲，男，工程）[9]

山洪暴發時，若然不斷在下游「揼水」只會是徒勞無功；正如人口持續老化，不斷增加床位供應、增加醫療撥款難免治標不治本，因一個人是否健康，行為、家庭和基因歷史、環境和社會因素分別佔 40%、30% 和 20%，醫療照顧只是佔 10%，影響力最低。反之我們應該從下游的醫療系統轉向上游，從城市建築環境出發，將健康服務帶到上上游的家居生活中。《長者及年齡友善城市專題報告》指出，

環境因素有助延緩甚至逆轉衰老的程度，而不是將他們一律推到醫院，加重醫療系統負擔。

這就帶到「醫社共生」的概念，這概念並不新鮮，早於 1989 年，政府經已成立「基層健康服務工作小組」，以促進基層醫療工作，即從「預防性護理」及「社區為本」改善香港醫療制度，但奈何社區內沒有統籌部門去協調市民所需的護理服務，和不同醫療人員間的聯繫和溝通，難以建立長遠關係；市民待染上疾病後才求診，政府也未能提供足夠資源，讓社福機構騰出空間和人手跟進病人情況，或貫徹地推行基層醫療概念。但所幸有社區團體意識到「社醫共生」的重要，如 2011 年成立的「醫護行者」，推動以醫社共生模式實踐基層醫療，並希望將健康作為每個界別的關注核心，而不單是醫護界。在 2017 年的施政報告中，政府也提出為地區康健中心網絡的服務提供補貼，但計劃仍處於起步階段，尚未能覆蓋全港 18 區。政府在未來應檢視現行基層醫療的不足，以數據為基礎，了解各區人口特徵，再提供適當資源，促進醫社之間的合作，發揮最大的功效。

下一個 25 年，我們如何能夠走出新氣象，建立一個理想的家、理想的香港？

「壽命」：健康壽命為核心　跨界別合作

有人說香港醫療體系完善，我們得以愈來愈長壽。誠然，醫護人員會盡力保住患者性命，但病人往後是健康生活還是苟延殘喘便無法得到保證了。而且香港人口愈趨老化，若然一股腦兒依靠醫療系統照顧

不同業界人士及退休人士實地研究健康與公共空間的關係（攝影：葉沛珩）

長者健康，只會造成崩堤，受影響的就不單單是老人。故下一個 25年，我們應該要改變觀念，不只追求延長壽命，更要注重健康壽命（healthspan），思考如何減慢衰老，讓每個人，包括長者，能夠自主地生活下去。面對未來人口老化所衍生的房屋和醫療需求，將如洪水般來勢洶洶，各界應攜手合作，深化基層醫療，從社區走入家居，及早從上上游著手解決問題。

「房屋」：打破主流市場傳統　有屋苑推「長幼共融」

要更好地實踐「居家安老」，家居環境設計十分關鍵。現時社會上較為「長者友善」的屋苑，不但設有年齡下限，也只能租住。近年有私

長者、照顧者、大專學生及業界一起設計更適合長者住屋及生活的方案（圖片來源：房協）

人發展商將長幼共融的概念融入到住屋設計中，例如增加綠化空間，樂齡智能家居生活配套等，軟硬件互相配合天倫之樂。有別於現時香港的房屋市場中，長者房屋與主流房屋界線分明的狀況。雖然市場上有不同試驗性質的項目出現，但能否配合用家真正及長遠需要，以及能否平衡各方面的成本效益、能否持續發展，要留待時間去考驗。無論如何，發展商都積極探討潛在發展機會，私人住屋市場預計會變得更多元化，適合不同年齡層的人共融居住，成為市場主流。

「支援」：物業管理　推動「個案管理」家庭為單位

香港政府雖然推行不同的先導計劃，但覆蓋層面有限。現時長者中心主要針對長者的個人需要或問題，但他們身心健康的狀態往往受家庭

因素影響，將長者的困難抽離環境因素分析，難以找到問題癥結所在。有報道指，照顧者最希望有專職人員為漫長的照顧過程做指導，提供「個案管理」（case management），持續跟進被照顧者。管理員每天看著住客出入，他們可能比親友更了解住客的生活習慣。因此，從物業管理層面深化「居家安老」，以家庭為單位進行「個案管理」，綜觀個人以外的因素，將更有效地照顧長者健康，物業管理也可連同醫療專業人士，如專職醫療服務等，為住客進行個案管理。

物業管理也可擔任樞紐，結合社區資訊，讓長者可以參與社區活動，從而建立社會資本，同時也幫助他們在有需要的時候尋求適合的社區資源。長者往往因為資訊的不完整，而未能善用觸手可及的社區資源，以致要舟車勞頓或不願出門，因此物業管理若能擔當連結的平台，將他們的需求導向鄰近的社區資源，將發揮乘數效應，達致「居家安老」。

但上上游的核心還是長者自身。因此，物業管理除進行個案管理外，還應讓住客充權，提高住客對健康的意識，例如舉辦講座，邀請營養師、體適能教練教授營養和運動知識，讓他們多注意營養配搭和正確做運動的方式，從最根本預防如肌少症、高血壓等疾病，達致在家實踐預防性護理。

要求物業管理轉型，提供以上的服務，有人認為新增的成本會轉嫁到住客身上。故此，為平衡服務需求和經濟負擔，發展商可以先以問卷調查了解住客需要，從而提供相應的服務。同時，大型發展商有自己的物業管理公司，將管理模式推廣到集團的其他物業，便能享受「規

物業管理除了在公共設施提供保養維修服務外，還可善用場地，促進住戶的健康生活，提供健康的文化交流體驗，也能有效連結社區資源網絡。（圖片來源：中文大學小松隊）

模經濟」的好處，降低成本，增加服務的可持續性。銀髮房屋市場未來潛力無限，需求增加，成本就會相應下降，現時有部分經濟能力較高的長者正尋求有質素的服務，但現時市場上沒有提供選擇，出現服務空隙（service gap）。在接下來的 25 年，發展商應對應市場需求，積極考慮提供更多住屋和服務選擇，特別有不少在香港經濟起飛時置業的人士，在三、四十年後的現在已然到達退休年齡，單是為這些住客提供小修小補的工程，如增加扶手，只是治標不治本。

「合作模式」：凝聚社區資本　與長者設計幸福建築

政府「居家安老」的宗旨是「居家安老為本，院舍照顧為後援」，可見社區也是重要一環。根據《長者及年齡友善城市專題報告：室外空間和建築》研究指出，一個人的居住環境直接影響其健康，如某地區愈富裕，健康服務就愈完善。以康復中心為例，我們的身體無可避免會因年紀增長而退化，一些意外如中風、跌倒等，都會影響長者身體狀況，需要接受康復服務，以盡早恢復正常狀態。由於現時地區康復中心不足，《香港規劃標準與準則》在 2022 年 3 月修訂，建議在殘疾人士康復服務中加入以人口為基礎的規劃比率，因應殘障人士也愈趨老齡化，規例也涵蓋社區照顧和日間服務等；但實際上政府或公營機構若要按照人口比例提供相應數量的康復中心，在短期內是難以實現的，覓地、人手等問題將成為阻礙。因此，在將來，我們應回歸到上上游的概念，健康以家居為本，善用長者式服務住宅本已設有的康復中心或服務，不同的專業人士，如社工、護士所組成的團隊除服務屋苑內的住客，還可以考慮用公眾收費模式，服務周邊社區有需要的人士，凝聚公私營合作，共用資源及營造社區資本。

跨界別協作多留於專業或從業者層面，往往未能徹底了解用家的需要。用家是最終持份者，本身就是社區資本的最重要元素。除了讓長者單方面接收資訊外，其實早在建築設計初期，發展商或者建築師就應讓他們參與其中。根據雪莉・安斯坦（Sherry Arnstein）的公民參與階級，告知（informing）只是中等程度的參與，在八種參與程度中排行尾三。我們最終要達到的是公民參與決策（citizen control），因此，要建立一個長者友善的城市，將長者排除在外是一種「不友善」

房協「樂齡安樂窩」項目舉辦的「共創長者家居工作坊」（圖片來源：房協）

的表現；反之，我們應該要「共融」，除了建築師、規劃師的意見，長者的聲音都應該被重視，他們才是最終用家。長者公民參與有兩大重點：第一是參與不單是諮詢。現時長者參與的模式是相關機構邀請他們做問卷，將他們的意見化成研究數字，過程單向，長者只是被動地受訪，而最後決策者是否「意見接受，態度依舊」我們也無從得知。有效的參與應該是長者和團隊作雙向交流，共同構思。中大賽馬會老年研究所的小松隊，透過知識轉移學習與建築設計相關的知識後，現時為華懋集團籌備中的住宅指南提供意見，並到示範單位視察，做到共同設計，這是推動長者參與的方法之一。

第二點是目標為本。長者公民參與並非硬性規定所有設計都要囊括長者意見，而是視乎項目的目標及長者的能力。但若我們希望建造一個

長者友善的家居，長者無疑是我們的核心服務群體，他們有最切身的感受時，他們的意見怎能被排除在外呢？人口老化已是不爭的事實，未來長者的住屋需求愈來愈大，將會吸引更多發展商、建築師加入市場。房屋市場正在轉向，何不早著先機，及早讓長者參與規劃，建造真正符合他們需要的居所，成為市場的領航者？

「基層醫療」：改善基層醫療　從上上游推行健康生活

對於一些未能提供康健服務的發展商，則應善用社區資源為住客提供相應的服務，這呼應上述所言，物業管理未來應作為住客和社區之間的樞紐，結合區內的資源網絡，為住客適時地作出轉介或聯繫。

曾任安老事務委員會主席的林正財醫生指出，不少長者不喜歡跨區活動，活動範圍往往只在自己居所一公里內，即大約 15 分鐘的路程，所以有長者未能被照顧到。要推動「長者友善」，政府應先檢討現行的試行計劃，如資助上門照顧的社區券等，若成效顯著，就應投放資源延續計劃，推動服務可持續發展，讓長者在本區得到靈活的照顧。另一方面，疫情下有不少日間中心、康健中心關閉，長者因而受影響，政府也應思考後備方案，當未來這些社區資源再次暫停時，長者的需求又如何得到滿足？

我們一直提到要切合長者需要。要「貼地」，我們先要了解社區脈絡，建築師在設計的早期階段便要因應地區資源分佈、人口特徵等，為發展商在服務和相關硬件方面提供適當建議；而要了解社區脈絡，則可與學術機構合作，透過深度訪問和數據分析等社區分析（community

將不同地區的歷史特色融入公共建築甚至住屋設計，讓不同年齡、喜好的人連結在一起，也是健康生活的上策。（攝影：葉沛珩）

profiling），甚至整理出社區內不同服務需要的概覽，了解長者真正需要，以便在規劃上更加貼切地回應需求。中大賽馬會老年學研究所現正和華懋集團合作，籌備撰寫一份住宅設計指南，列出對健康居所的建議。這是香港首份為從業者和公眾提供數據支持的設計建議，將從不同層面包括健康、建築環境、房屋供應商、物業管理等收集數據和進行質性訪問，讓大眾將來能夠在硬件外，在軟件和實踐健康生活模式時都有參考和衡量的標準，也為醫、社、商、學等界別未來進行跨界別合作提供方向。

住屋設計應回應各持份者的需求，促進身心健康的生活日常。（葉沛珩攝）

總結：「心之所向，家之所在」

好的人生是你能夠找到自己的方向，為人生注入意義；好的建築
（architecture）是能夠為建築物（building）賦予靈魂、給予意義。
建築是城市的節點（node），每一點相連才能成就空間；我們也是
節點，心靈與空間相連，方能成就一個理想的家，我們在空間內尋覓
意義，同時為空間賦予意義。如奧地利建築師和城市規劃師奧托‧華

格納（Otto Wagner）所言，「建築具有影響人們的巨大力量，它可以說是所有藝術中最強大的。」面對人口老化的新趨勢，建築的力量就正是要回應人的需求——以家為本，居家安老。

（感謝梁穎欣小姐及劉光傑先生對本文的貢獻）

註

1　本文標題《五十新家》是大銀（Big Silver）出版的其中一期專題，探討人生踏入 50 歲，如何改造理想家居。本文套用「五十新家」的概念，延續及擴闊討論。
2　根據世界衛生組織定義，一個國家內的 65 歲以上人口，佔總人口比例達 20%，即稱之為超高齡社會（super-aged society）。
3　香港中文大學賽馬會老年學研究所聚焦小組調查。
4　同上。
5　其餘包括室外空間和建築、交通、社會參與、尊重和社會包容、公民參與和就業、信息交流及社區與健康服務。
6　香港中文大學賽馬會老年學研究所聚焦小組調查。
7　即政府由資助服務提供者轉為資助服務使用者。
8　香港中文大學賽馬會老年學研究所聚焦小組調查。
9　同上。

參考資料

https://www.censtatd.gov.hk/tc/EIndexbySubject.html?scode=190&pcode=FA100061

https://www.statistics.gov.hk/pub/B1120015082020XXXXB0100.pdf

https://www.taylorfrancis.com/books/edit/10.1201/9781003043270/healthy-ageing-asia-goh-cheng-soon-gerard-bodeker-kishan-kariippanon

https://www.bd.gov.hk/doc/en/resources/codes-and-references/code-and-design-manuals/BFA2008_e.pdf

https://www.info.gov.hk/gia/general/201207/11/P201207110276.htm

https://www.archsd.gov.hk/media/reports/practices-and-guidelines/20190326_5501_Elderly-friendly%20Design%20Guidelines_FINAL.pdf

https://liber-research.com/en/a-decade-of-compression-hong-kong-nano-flat-study-2010-2019/

https://www.jcafc.hk/tc/Resources-Centre/Publications/Cross-District-Report-On-Baseline-Assessment.html

https://www.swd.gov.hk/tc/index/site_pubsvc/page_supportser/sub_tcs/

https://www.swd.gov.hk/tc/index/site_pubsvc/page_elderly/sub_csselderly/id_psccsv/

https://carersgarden.org/lessons/carers-resources-5-find-a-person-to-follow-through/?fbclid=IwAR3dQMC-0h_l9bP2r41F4uJ02IaqQvHkQKaZ5aIRF-UZDh0IqqvoWw7GFhw

https://www.info.gov.hk/gia/general/202202/25/P2022022500190.htm

https://www.hkcnews.com/article/39403/ 新冠肺炎 - 長者照顧 - 長者 -39684/ 疫情下的長者

https://www.hkhs.com/tc/our-business/property-detail/id/7/type/2/house/1

https://thetannerhill.hkhs.com/tc/home/index.html

https://www.pinecaregroup.com/patina-wellness/

https://www.facebook.com/nutcrackers.cuhk/

https://civic-exchange.org/wp-content/uploads/2016/12/Walk21HK_ConferenceReportFULL-1.pdf

https://www.jcafc.hk/uploads/docs/Thematic-report-on-Outdoor-Spaces-and-Buildings.pdf

https://www.healthbureau.gov.hk/beStrong/files/consultation/chapter2_chn.pdf

https://www.hk01.com/ 周報 /380814/ 社區醫療 – 二 – 從 – 醫社合作 – 解決社區需求 – 修補割裂現況

https://hia.org.hk

https://www.dhc.gov.hk/tc/background_information.html

https://www.chinachemgroup.com/zh-hk/sales-leasing/for-sale/mount-anderson

https://www.lwb.gov.hk/tc/highlights/rpp/Final%20RPP%20Report.pdf

https://www.ncbi.nlm.nih.gov/pmc/articles/PMC7999831/

https://www.master-insight.com/ 林正財倡檢視長者房屋政策 /

想像未來

我們今天的每一個選擇，都塑造著我們的未來。全球疫情令我們再排序生命中的重要事物；智能科技的出現，進一步改變我們生活和工作的模式；氣候變化呼喚人類要集體醒覺。現在，世界正處於巨變之中。

面對這些新挑戰，我們更需要以創意思維及創新設計為城市增值，設計絕非只是表面的美學，而是以創意解決人的問題。我們提升設計水平的成就有多少？在未來，設計思維會否成為我們的文化？設計水平

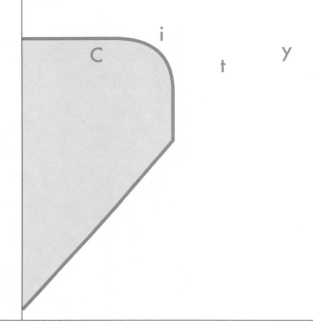

PART 5

的提升，有賴政府政策的導向和支持。香港從來沒有「建築政策」，亦沒有以「建築比賽」提升我們城市及建築設計的政策。建築政策及建築比賽可以為城市增值，提升設計水平，給年輕一代冒升的機會。未來是屬於年輕一代的，因此我們需要聆聽他們，給予他們信任和發揮的平台，讓他們一起參與建造這城市。本書最後兩篇是獻給我們的下一代，由年輕的城市規劃師和建築師們撰寫，他們想像的未來城市是怎樣？他們希望的未來又是什麼？智能科技怎樣影響我們的建築和城市規劃？他們從閱讀流行文化，表達我們城市中的美好，年輕一代原來是那麼珍惜我們的美好獨特之處，希望這美好得以延續到未來。

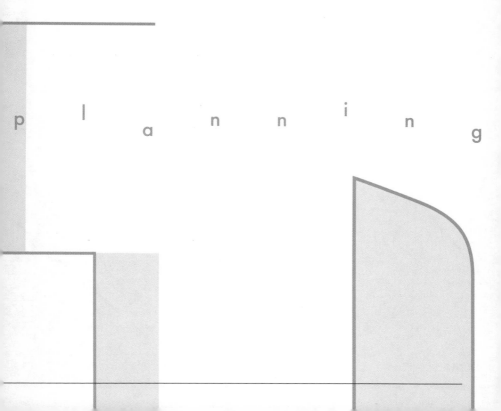

planning

18

活用設計創意解難
共建宜居城市

設計思維所提倡的人文觸覺和同理心，
以及勇於嘗試、不怕失敗的精神，是帶
領香港走過高低跌宕，繼續迎難而上的
力量。

嚴志明教授
香港設計中心主席

回顧過去 25 年，「建成環境」或「建築環境」（Built Environment）是建築界其中一個經常討論的術語，所指的不單是建築物本身，還涉及它周遭的建築物、公共空間、設施、交通、水利等配套，以及它與周遭環境及人之間的連結。那麼在香港這地方，我們又活在怎樣的建成環境之中？

民間人本設計智慧

猶記得兒時成長於六、七十年代，一家六口生活在不過 200 平方呎的廉租屋單位內，一張碌架床既用來睡覺，亦是用來做功課、吃飯和玩樂的地方；到後來入讀位於灣仔活道的維多利亞工業學校（現址為職業訓練局總部大樓），一間小小紅磚屋校舍圍著一個標準籃球場而建。場內塗上了不同顏色的漆線，讓這小小 4,500 多平方呎的開放空間，變成多種球類的「綜合運動場」。這一物多用與一地多用的智慧與生活環境，既是一代香港人的寫照與集體回憶，背後亦體現了當代設計師與建築師的設計創意，而港人的建屋速度和效率亦展現了香港一貫實務、靈活與急速的城市脈搏。

不難發現，這種生活智慧其實一直體現在我們所居住的城市和每個人的生活之中，就如在上環、旺角、灣仔的不同大街小巷所看見的一列列排檔，就活用了空間和設計，做到朝桁晚拆，與周遭人民的生活連結，形成一種地道的墟市文化。即使是街上常見的手推車，大家都總會發現車上有著每個用家為了迎合自身需要而改裝的各種巧妙設計。這種民間自主設計的智慧，既是一種以人為本的靈活創意，亦是基於空間、土地和使用限制所催生的一種創意解難能力。這是設計所能夠

| 想像未來 |

為城市、地方文化，以至人民生活帶來的價值。試問若將這種港人的生活智慧和能力發揚光大，拓展到民間、社區、商界、政府，以至是公共政策設計和空間營造之上，香港又會變成怎樣的城市？

透過讓設計真正融入生活，集各界之力發揮人本精神和創意，一起締造更具活力、更宜居的城市，是香港設計中心在 20 年前成立的目的。而要做到這一點，就要先凝聚官、商及民間的持份者，讓他們認清設計的價值，鼓勵他們從欣賞設計開始，慢慢嘗試將設計背後的人本精神納入他們的業務考量、企業管治及政策設計之中。正因如此，早在我於 2010 年加入香港設計中心董事局之前，香港設計中心已積極透過籌辦不同的活動「聯繫業界」（Connect）、「弘揚人才」（Celebrate）、「啟蒙創業」（Nurture），推動設計界追求卓越，發揚設計的魅力，並在 2015 年結合「突顯專業」（Advance）及「融入社會」（Engage）的元素，組成五大發展綱領，多管齊下以設計推動各行各業，迸發創新力量。

凝聚各界　表揚傑出設計

就在這 20 年間，香港設計中心透過舉辦年度旗艦活動「設計營商周」（Business of Design Week, BODW），讓不同業界人士能一窺世界各地的創新理念和傑出設計，掌握當代的設計潮流。值得一提的是，每屆 BODW 都會物色意大利、日本、巴塞隆拿、芝加哥、墨爾本等走在設計界前線的國家或城市，組成活動夥伴單位，合辦論壇、大師班、工作坊、展覽等活動，當中的一大核心主題「文化與城市」，就曾邀請 Zaha Hadid、Thomas Heatherwick、Herzog & de Meuron、

Rem Koolhaas 等建築界大師及創新先驅，與本港的建築及設計界交流，互相取經，了解業界如何將建成環境的概念融入建築設計，連結周遭的環境和當地人的生活文化，體現都市的活力和文化特色。

不約而同地，這些嘉賓的分享都揭示了當代的出色建築設計，已不再只關乎美學與功能性的追求，而是更講求建築如何對周遭社區、社會，以至人類帶來正面的影響。因此，香港設計中心亦成立了「DFA 亞洲最具影響力設計獎」，表揚能為社區帶來正面影響的傑出設計，當中不乏建築空間的設計項目，包括「源·區」（T·PARK）、南豐紗廠（The Mills），以及環境保護署近年在 18 區設立的「綠在區區」等。這些回收環保站雖然沒有用上創新的物料和技術，亦沒用上劃時代的設計概念，卻成功利用建築設計和空間凝聚社群，營造環保回收的社會風氣，長遠為推動環保及可持續發展出一分力，為回收環保站

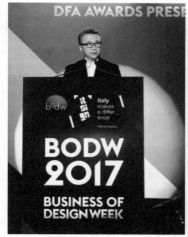

香港設計中心「設計營商周」，如今已成為
亞洲設計界的年度盛事，每年彩拍不同的城
市，合辦各類型的活動，推動業界交流。

瑞士建築師 Jacques Herzog 於「設計營商
周」活動上，分享大館及 M+ 的建築設計及
設計意念如何體現推動社區文化的意義。

的小小空間在滿足功能性需求之外，賦予更深層的社區文化意義。

培育設計人才　添注創意活力

除了凝聚業界，探尋更多設計的可能性，城市要繼續發展，人才培育
亦是極為重要的一環，而香港設計中心則透過「設計創業培育計劃」
（Design Incubation Programme），為別具社會視野的年輕設計師
及建築師提供創業培訓、營運資金及合作機遇，全方位支援他們開拓

自己的事業，將人本精神的設計理念發揚光大。

在過去逾百間受惠的初創設計企業中，由兩位香港年輕建築師關鎮陞（Magic）及黃君諾（Kenrick）所創立的「東西建築」，就曾在淨水資源匱乏的柬埔寨興建了一座名為「水堂」（Water Hall）的淨水設施，並將之打造成當地居民的一個小小聚腳點。這別具社會意義的項目既體現了如何以建築設計解決社會問題，亦讓 Magic 因此獲得香港設計中心的「DFA 香港青年設計才俊獎」（DFA Hong Kong Young Design Talent Award），利用所得的獎學金到美國西岸一間建築師樓實習，親身體驗外國的建築文化和設計脈搏。

放眼世界，不少國家近 20 年來都積極以不同的項目讓年輕設計人才發光發亮，就如位於英國倫敦肯辛頓花園的蛇形畫廊（Serpentine Galleries），就自 2000 年起特闢美術館旁的空地，每年夏季與不同的新晉建築師合作，建造臨時的夏日展亭（Serpentine Pavilion），作為戶外論壇及咖啡館，藉此推動公共空間展館的概念，讓新一代的建築設計衝擊你我的眼球，開拓更多的設計可能性。而香港設計中心作為推動設計的非牟利機構，亦希望透過以上的培育計劃和設計獎項，讓本地新一代設計才俊的能力被看見，同時鼓勵大型機構、商界，以至政府提供合作機會，讓他們能參與項目投標，以創新的思維刺激業界破格求進，為各行各業注入年輕的創意活力，一起以設計改變社會。作為政府，未來亦可考慮在康文署轄下場地、中環海濱等地推行類似 Serpentine Pavilion 的建築計劃，牽頭培育本地建築界後進。

香港建築師關鎮陞（Magic）及黃君諾（Kenrick）於柬埔寨設計的「水堂」

擁抱設計思維　勇於嘗試

年輕一代的創變力量，是推動香港這城市不斷向前的動力，而香港要時刻走在最前，各行各業就要擁抱新思維，勇於接受新的衝擊和挑戰。近十年，來自歐美的一股「設計思維」（Design Thinking）思潮便席捲香港，輾轉成為了一股推動各行各業創變的新力量。

簡言之，設計思維被喻為是當今最能改變世界的創新思維之一。它歸納了設計師的設計和思考過程，講求如何運用同理心了解不同用家及持份者的需要和痛點，再在現有的限制和局限之下發揮創意，思考各種可能，並在從中找出最可行的解決方案，一步步付諸實踐。除此之

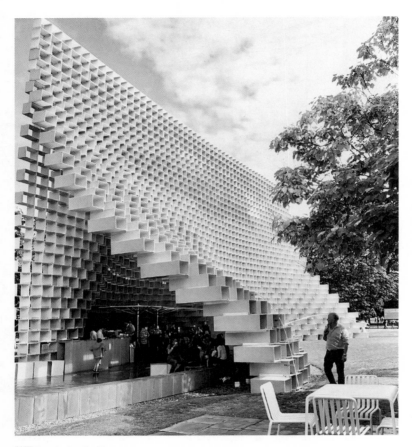

英國 Serpentine Pavilion

| 想像未來 |

外，設計思維亦是一種創新的心態，主張要勇於嘗試，從失敗中學習，並在創新的過程中不斷回歸基本步，了解用家和持份者對方案的意見，循環反覆地改良設計。

無疑，香港這城市需要擁抱的，正是設計思維所推崇的同理心、以人為本和創意解難等的精神、思維和心態。為此，香港設計中心曾與郵政署、康文署等政府機構合作，嘗試讓一班公務員團隊及建築師接觸設計思維，實踐如何從用家的角度和需求出發，翻新重建旺角郵政局和歌和老街休憩公園，並以此作為案例，向外界展示設計思維與建築設計密不可分的關係與創造力。

早年，香港設計中心亦主動成立設計知識學院（Institute of Design Knowledge），透過舉辦不同的培訓工作坊，讓建築界、教育界、社福界、商界及政府機構的工作者，學習如何運用設計思維的人本創新理念，用於解決行業、社區面對的各種難題。就在最近，學院夥拍食環署及建築署，集結了本地的一班建築師、產品設計師及公眾，參與名為「請廁教：香港公廁再發現」的全港公廁改善項目，一起訪問公眾、公廁職員、管理公司等持份者，了解他們對公廁設計的意見和管理、使用上的需要，最後合力製作出一份《公廁建造指南》，供署方應用在日後的公廁建造項目中，亦供投標承造的建築商參考跟隨，引導他們在設計公廁時主動回應這些持份者的需要，以創意和同理心激發更好的設計。這無疑是個好開始，未來樂見政府在推行公共建築項目前，亦推行類似的公眾參與活動，讓人本精神真正融入設計的過程之中。

人文觸覺注入設計　連結社區

繼康文署、郵政署以外，喜見設計思維近年開始在香港萌芽扎根，並獲多個政府部門採用。一個個諸如上水石湖墟污水處理廠擴建計劃、屯門公園共融遊樂場設計項目、「東澳山水研作舍」研究項目等，由不同政府部門推動的設計思維建築設計項目相繼落實推行，並在市民和社區之間獲得不錯的迴響。無獨有偶，近年亦愈來愈多大型發展商、企業、公營機構、教育團體及社福機構，將設計思維的元素注入企業文化、團隊管理及業務考量之中，一起落實推動環境（Environmental）、社會（Societal）及企業管治（Governance）這三大可持續發展原則。這一切成果皆令人鼓舞，反映當今一代的香港人除了靈活機智與勤奮拚搏，亦多了一份設計思維所推崇的人文關懷和觸覺。

這份人文關懷和觸覺若能應用在城市的建築設計及各行各業，為用家、社區以至地球的可持續發展多想一步，香港定能創造更好的未來。然而，我們不止希望能鼓動設計界及行業決策者擁抱設計思維，更希望透過近年舉辦的「設計＃香港地」（#ddHK）及「設計營商周城區活動」（BODW CityProg）等作為民間的橋樑，讓大眾學懂欣賞這城市的設計，了解設計思維，同時讓業界主動接觸社區和民間，從中發掘新的需要和創意靈感。過去，#ddHK就曾以「蛻變」為主題，以社區參與、公眾教育、導賞團等活動，帶公眾認識扎根深水埗的創意團體及設計業在這小區的發展歷史，並一起思考如何發揮共創的力量，將這地方改造成創意社區。

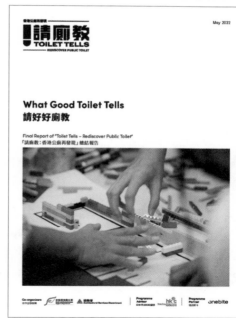

香港設計中心：「請廁教：香港公廁再發現」設計思維諮詢顧問

結語：迸發設計創意力 共創未來

以設計改變世界，是我們多年來的願景，而 20 多年一路走來，我跟一眾香港人一起見證過香港的無數高低起跌，且深深體會到這城市以至全球都正在面對更複雜困難的挑戰與不確定性。要成就這願景，前路也許還很漫長，但經驗告訴我們，設計思維所提倡的人文觸覺和同理心，以及勇於嘗試、不怕失敗的精神，是帶領香港走過高低跌宕，繼續迎難而上，迎接更多個璀璨輝煌的 25 年的力量。

未來，我希望香港設計中心能繼續集結建築設計界及各行各業，拓闊眼光、識見和思維，積極透過人本創意設計，一起解決空氣污染、貧富不均、住屋、環保等影響香港可持續發展的難題。當中除了需要集官、商、民之力推動跨界協作，政府亦應做好牽頭的角色，帶領港人好好發揮靈活多變和實務的智慧，勇於探尋和嘗試新的可能。就如在解決鬧市交通擠塞的問題上，港府可考慮以公私營合作或提供政策誘因的方式，吸引發展商把新樓宇的地面或特定樓層設計成開放的行人空間，連接周遭的行人道、高架步道和天橋，鼓勵民眾步行；又或在樓宇的地庫樓層興建上落貨區及候車區，紓緩路面交通，同時改善交通污染及行人安全。

那邊廂，近年不少屏風樓、納米樓和牙籤樓在各區聳立而起，港人的居住空間變得愈來愈狹窄。在此，除了提出最小單位面積、每年最少建屋量等績效指標外，政府亦應提出關乎永續發展目標（SDGs）及市民生活質素的各類指標，讓發展商及建築界摒棄以盈利為先的思維，共建宜居城市。

此外，我寄願未來的建築師及政府決策者能毋忘設計的本義，在房屋、交通、環保等大議題上，積極從人本角度出發，善用設計和創意，創造更宜居的社區。就如公屋等的公營項目，業界和政府應大膽創新，在為港人提供棲息之所的同時，將建成環境及地方營造的概念結合當代建築美學、科技及創新的設計元素，在嘗試解決當下港人的住屋和生活需求的同時，關顧城市資源的可持續發展，牽頭探尋其他發展和設計的可能性，如在公屋加設空中花園、太陽能天台、垂直綠化空間、廚餘收集系統，甚至是推動無人機快遞等，藉此作為業界先導，帶動私營發展商跟隨，長遠提升香港整體的生活質素，讓這城市呈現國際金融大都會以外的另一面，展現亞洲設計創意之都的魅力。

19

建築政策與建築
設計比賽
為城市增值

希望香港在未來 25 年能建立屬於我們的
建築政策，政府願意支持專業的建築比
賽，以此提升城市設計的水平和面貌，
更提供孕育年輕建築設計師的平台。

陳翠兒建築師
AOS. Architecture 創辦人

香港仍未有建築政策，而建築設計比賽對香港仍是陌生，兩者未被廣泛認識它們為城市帶來的價值。本文以丹麥的建築政策為例，作他山之石，給我們作參考。建築設計比賽在香港雖然有不少先例，但還未被認同為一個可提升城市設計水準的途徑。希望此文增加大家的認知，明白建築政策及比賽的價值。從回顧這些年香港曾舉行的建築比賽，考慮在未來的城市發展上，政府可建立指導性的建築政策，支持及帶動建築比賽文化。

建築政策的範疇與實行

社會普遍的理解是建築產業有助城市的經濟發展。建築除了是經濟產物，它也是文化和價值觀的表徵。有形的建築，由無數無形的因素組成，包括社會文化、法例、科技、經濟、歷史、氣候等。歐洲超過20多個國家，如芬蘭、丹麥、挪威、瑞典、德國、法國、英國等，已有它們國家的建築政策。以丹麥為例，建築政策是國策，認定建築的重要性，它不單只是建築物，亦是國家在教育、政治、市民參與、保護環境、創造文化及社會幸福的重要途徑。有了建築政策配合城市規劃的方向指引及人民的參與，城市規劃的願景才得以真正的落實。

就以丹麥 2014 年的建築政策為例，它基本上有四個主要範疇：1）教育、2）城市發展及市民參與、3）環境／社會／文化、4）創新／質素／國際潛能。丹麥政府認為在城市環境的發展過程中，需要與市民有質素的討論及共同決策。政府希望市民能體驗建築，增加他們在民主制度下的參與，更以建築推動環境、社會和文化的可延續性。國家更建立跨部門的單位，跟進建築政策的實行與檢討。

| 想像未來 |

丹麥的建築政策：建築為人，以人為先（圖片來源：Danish Architectural Policy）

教育方面，包括了小童、年輕人和成年人教育，並將建築引進中小學課程。小學方面，不單增進學童對城市建築的認識，建立他們自己的觀點，更引入建築教育作為創意思考和創造過程的一環。中學方面，課程會涵蓋城市計劃、城市設計、可持續發展、氣候變化、建築科技等。建築教育不只是知識上的增進，而是結合實際，以有質素的解決方法來面對問題及挑戰。

在城市發展及市民參與的過程中，市政府的角色是非常重要的。政府是城市規劃及發展的領導者，亦是帶動市民參與決策過程的主導者，人民的參與包括了市民、發展城市的專業人士、發展商、關注團體等。

政策特別注重城市的公共空間改造，有啟發性的公共空間可以提升城市居住的質素，他們著力改造城市沿水及市內公共空間，以建築比賽選出有質素的設計。

城市、環境、社會、文化的可延續性

我們未來的發展，不可以把經濟及建造房屋的迫切性，凌駕於環境保護之上。未來的建築，將會重視環境和社會利益，支持和創造本地文化的可延續性，增加人的交流及包容，建立互相支持的社會結構。

文化是人的故事，文化的延續是生命的延續，建築正是文化的承器。在城市發展的過程中，一些舊有建設或建築會被取替。丹麥政府的政策方向，是鼓勵市政府在發展過程中，保留有保育價值的建築及文化遺產，讓它們得以延存，更成為發展的新潛能。建築政策包括了保育政策，在轉化這些歷史建築的功能時，同時減低它們的能源消耗。在城鄉方面，政策鼓勵兩者的共融及共存。

全世界城市化比例日益增長，發展亦是必然趨勢，現在正是邁向零碳可持續城市的契機。新的環保型城市集中了房屋、就業及商場，發展承載量大的公共交通及鼓勵單車代步，提升市民運動量及健康。

丹麥政府十分重視培養國家創意產業。丹麥創新的建築設計亦舉世知名，原因不只是其突破性的創意，還有建築的可持續性、環保、節能、綠化，及對市民福祉的重視。政府的建築政策支持建築產業的成長，肯定它對社會創新的價值，亦鼓勵建築業者邁向國際發展。

建築政策：鼓勵市民參與在城市規劃及設計的過程中（圖片來源：One Bite Design Studio）

政府的公共建築對市民生活有密切的關係和重大影響，公共建築包括了學校、醫院、文化設施、基本建設、老人院等。公共建築的質素，無論是設計、環保、保養等都是城市質素的指標。北歐各國的公共建築多以建築比賽選出設計，作為提升城市質素的重要政策。

香港的建築及設計比賽政策

現時，香港仍未有建築政策，普遍關注的是建築產業的商業性和經濟性，以及其參與在城市及建築設計的部分。建築政策則從更宏觀的角度，全面審視建築為經濟、文化、教育、創意產業、民主參與、社會福祉帶來的貢獻。希望香港日後的未來發展，亦可成立自己的城市建築政策，好好利用香港建築業的潛能和經驗，以優秀的建築質素提升

我們城市的面貌。

建築設計比賽在香港雖不陌生，但以設計比賽提升城市的設計質素為目標仍未普及。回顧過去 25 年香港在建築比賽中的成就，我們更明白設計比賽的重要性，希望在未來的 25 年，政府能夠擬定一些新的政策，鼓勵更多建築比賽。

建築設計比賽可以大概分為兩類：概念性的（Idea Competition）和項目性的（Project Competition）。香港亦舉行過非常有影響力的國際及本地設計比賽，例如 1983 年的山頂設計比賽、1987 年香港科技大學設計比賽、2010 年的香港知專設計學院國際建築設計比賽、2013 年香港 M+ 國際設計比賽。當時，建築師 Zaha Hadid 因為在香港山頂的設計比賽中得獎，而在全世界打出了知名度，成為今日國際知名的建築師。M+ 的建築設計比賽，在國際團隊的激烈競爭下，為香港建造了今天具國際級水準的藝術館。

過往的建築比賽，有成功亦有失敗，國際上多年來累積了不少經驗，仍在不斷改善，讓它可以真正為城市帶來好處。基本上，一個成功的設計比賽會為我們帶來以下影響：

· 建築比賽以設計質素為先，非價低者得，因此整體上會提升城市及建築設計水平。
· 建築比賽讓創意及創新理念得以表揚及落實。
· 建築比賽可以提升設計界的水準。
· 以比賽帶出評審團，甚至是公眾的討論，以不同角度選出最適合

的作品。

- 比賽的公開性，可為未成名的年輕建築師、規劃師等提供發揮的平台，讓有設計潛質的年輕人才得以培育。
- 提供讓不同專業協作的機會，更可提升市民對自己城市的認知及參與，建立城市團隊合作的精神。

雖然比賽能為社會帶來好處，但若方式不正確，亦可能帶來傷害：

- 建築比賽虛耗不少參賽者的無償付出，比賽的獎金與參加者付出的人力物力不對等。
- 比賽有機會被主辦方利用，物色成本低廉的設計方案。
- 因為比賽多是概念階段，可行性及實際工程費沒有完全的控制和保證。
- 比賽簡介多是簡約的，缺乏設計者與用家及主辦者的直接溝通，因此不少設計方案在比賽後仍需要作深入修改。
- 建築比賽所耗的資源不小，不適用於所有項目。
- 建築比賽的得獎方案以設計取勝，往後在深化設計及建造期間，仍需其他專業人士及項目經理等協助，才能令設計得以真正落實。

國際建築師協會（UIA）對於舉辦建築比賽有很詳盡的指引，當中有以下要點：

- 建築比賽精神基於其透明度、公平和不帶歧視。
- 有充份界別的專業人士在評審團中。評審需要有專業的獨立性及

上｜西九龍文化區「小型藝術展館」建築設計比賽得獎作品（圖片來源：VPANG Architects Ltd）
左｜香港新晉建築及設計師比賽得獎作品「Growing Up」（圖片來源：New Office Works）
右｜綠在灣仔．概念設計比賽得獎作品（圖片來源：Bread Studio）

｜想像未來｜

相當的水平。

· 保護參賽者的創作版權。

· 保持比賽公平原則，避免過度保護比賽主辦者。

· 鼓勵參賽者在演繹上的自由度、靈活性及創意。

· 比賽的簡介需要有充份及專業的準備，既簡約，亦能表達此項目的要點。同時亦要避免在比賽簡介中設定太固定的框架，妨礙創意。

· 比賽是基於確認建築作為文化及社會價值的精神。

香港曾舉辦的建築比賽

西九龍文化區「小型藝術展館」建築設計比賽

2013 年由西九文化區管理局主辦，吸引了不少國際建築團隊參與，勝出的是本地年輕建築師團隊：彭耀輝建築師事務所 + JET 建築事務所 + 張勵繡設計團隊。他們的設計概念是建立一個讓我們遠離繁囂，以香港城市為背景來欣賞藝術作品的空間。重要的是，此建築比賽不再留於概念性建議，而是獲勝團隊在比賽後得到管理局委任，負責設計和建造展亭。作品於 2016 年建成，為新晉建築師提供重要的國際比賽平台，亦選出了優秀的設計。

香港新晉建築及設計師比賽

由西九管理局在 2017 年舉辦，支持有潛質的年輕建築師，得獎團隊 New Office Works。在獲獎後，管理局亦聘任專業的顧問團隊，支持

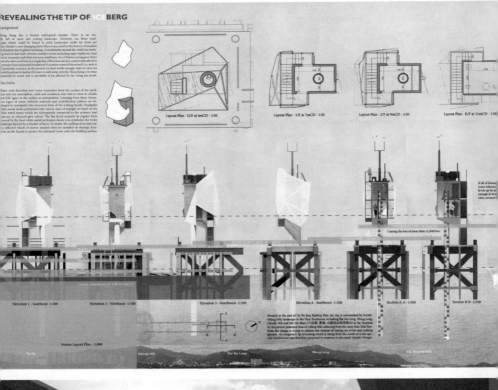

REVEALING THE TIP OF ICEBERG

Layout Plan - G/F at 4mCD · 1:50　　Layout Plan - 1/F at 7mCD · 1:50　　Layout Plan - 2/F at 9mCD · 1:50　　Layout Plan - R/F at 11mCD · 1:50

Elevation 1 - Southeast · 1:100　　Elevation 2 - Northeast · 1:100　　Elevation 3 - Northwest · 1:100　　Elevation 4 - Southwest · 1:100　　Section A-A · 1:100　　Section B-B · 1:100

Master Layout Plan · 1:500

上｜大埔滘潮汐站建築設計比賽得獎作品「冰山一角」（圖片來源：So Yeung Piu, Chan Ka Lai Kylie）
下｜廁世代 PT 2.0 公廁設計比賽得獎作品「管水母」（圖片來源：Cocoon Architecture）

｜想像未來｜

年輕獲獎者在建造過程中汲取經驗。

設計以「成長」為主題：樹的成長需要土壤，而文化的成長需要我們的集體回憶。建築的木結構柱由低至高，象徵著成長。而下面梯級形的平台，象徵著香港的山勢地形。展亭各面向的形態、物料、比例與周圍呼應，各有不同。

綠在灣仔・概念設計比賽

2018 年由環保署主辦，得獎是年輕建築師團隊 Bread Studio。得獎建築師與建築署合作，真正落實「綠在灣仔」的設計，現今此建築已落成啟用，確實為年輕建築師帶來展現設計才華的機會。

香港建築師學會協辦的設計比賽

2020 年，香港建築師學會重新成立設計比賽委員會，致力推動建築設計比賽文化。就在 2021 年，已有三個不同的設計比賽，包括「大埔滘潮汐站建築設計比賽」、作為支持單位的「過渡性房屋——環保村建築概念比賽」及「廁世代 PT 2.0 公廁設計比賽」。這個時期，往日的國際級建築大型比賽已甚少出現，代之的是較小規模的建築項目，更適合培養新進建築師。

大埔滘潮汐站建築設計比賽

由天文台聯同土木工程拓展署、建築署及香港建築師學會合辦，優勝

作品以「冰山一角」為主題，提升市民對氣候變化、海平面上升和風暴潮對我們城市的影響。可見建築比賽不再只是選拔優秀設計，還藉著比賽帶出城市的重要議題，作為公民教育及公眾宣傳之用。

廁世代 PT 2.0 公廁設計比賽

由食物環境衛生署和建築署合辦，專業組得獎團隊是 Cocoon Architecture，他們的作品以「管水母」（as siphonophore）為靈感，新的公廁設計是簡潔的預製模組，組合更靈活，適用於不同地點，設計結合新科技，創造公廁新形象。比賽過程增強了市民及各持份者的參與，透過舉辦「請廁教：香港公廁再發現」八節設計思維工作坊，收集各持份者的意見，制定改善公廁服務的方案。當中更有傷殘人士協會參與設計工作坊，關注傷殘使用者的需要。第一次遴選後，參賽團隊被邀請參與工作坊，讓設計者更明白各持份者的需要，避免作品只有美麗的概念與外形，卻與實際用途和使用者的需要脫節。加入了市民持份者參與，雖然令比賽時間加長，但以工作坊汲取意見，大大提高了比賽設計的適用性，真正實踐「以人為本」。

過渡性房屋——環保村建築概念比賽

由香港環保建築專業議會主辦，以新界八鄉七星崗的一幅土地作試點，希望帶出創新而實用的方案。得獎者是年輕建築團隊「研究舍」，設計概念是「階梯」（STEP）——過渡房屋不只提供住屋，更可以成為改善生命的階梯。作品建議了不少公共空間、社區種植等，增強居民的連繫，建立社區關係。建築物如梯級般向上後退，形成一個個

過渡性房屋——環保村建築概念比賽得獎作品「Step」（圖片來源：研究舍）

綠化屋頂平台空間，供溝通之用，結合了環保和社會價值。

香港建築設計比賽研討會

香港建築師學會基於多年推動建築比賽的經驗，於 2022 年編定《建築設計比賽指引》（*HKIA A Quick Guide for Promoters on Architectural Competitions*），為有志於舉辦比賽的機構提供清晰指引。當中包括了舉辦比賽的條件、比賽形式、比賽文件內容、時間表及費用預算等。學會亦於 2022 年舉辦了「香港建築比賽研討會」，邀請了曾舉辦比賽的政府部門、參賽得獎者、私人機構、協辦團隊等參加。在研討會中收集的意見，會作為日後改進及推動建築比賽文化之用。

研討會第一部分為本地持份者的討論，第二部分是國際交流會議。當日的交流包括了：國際建築師協會的國際比賽委員會、丹麥建築師協會的「設計比賽的價值及如何利用」、韓國首爾政府的「Project Seoul」建築比賽數碼平台、深圳市城市設計促進中心的「深圳設計競賽回顧」及英國皇家建築協會的「以設計比賽作城市設計規模的項目」。

在北歐，建築比賽歷史悠久，富有經驗；而韓國的「Project Seoul」及深圳的「深圳設計競賽」已在國際建築界成了品牌，吸引不少國際建築師參加。以上的建築競賽都有政府的支持，以比賽吸納國際高質素的設計。

有自己特色的建築比賽

建築比賽文化在香港雖仍未成形，但最近幾年舉辦的建築比賽，比傳統的有所改良，不只是選出精彩的外形或概念，更加入了市民參與、舉辦講座等，成為公民教育，選出與民共議的設計，亦以小型建築培養年輕建築師的成長。

希望香港在未來 25 年能建立屬於我們的建築政策，政府積極支持專業的建築比賽，以此提升城市設計的水平和面貌，更提供孕育年輕建築設計師的平台。

參考資料

UIA Competition Guide: https://www.uia-architectes.org/wp-content/uploads/2022/02/2_UIA_competition_guide_2020.pdf

Danish Architecture Policy 2014: https://issuu.com/kunststyrelsen/docs/danish_architectural_policy_putting

Danish Architecture Policy 2017-2025: https://kk.sites.itera.dk/apps/kk_pub2/pdf/1904_4b203fafa9a8.pdf

Project Seoul: project.seoul.go.kr

深圳競賽: https://www.szdesigncenter.com/design_competitions/home

From Architectural Policies to Implementation of Architectural Competitions: https://www.researchgate.net/publication/264883265_From_Architectural_Policies_to_Implementation_of_Architectural_Competitions

Competitions and Architectural Excellence: https://placesjournal.org/article/competitions-and-architectural-excellence/?cn-reloaded=1

RIBA Competitions: https://www.architecture.com/awards-and-competitions-landing-page/competitions-landing-page

「建築比賽」的社會意義: https://www.hk01.com/article/65952/%E8%A5%BF%E4%B9%9D%E6%95%85%E5%AE%AE-%E4%BE%86%E7%A8%BF-%E5%BB%BA%E7%AF%89%E6%AF%94%E8%B3%BD-%E7%9A%84%E7%A4%BE%E6%9C%83%E6%84%8F%E7%BE%A9-%E9%99%B3%E7%BF%A0%E5%85%92-%E9%A6%99%E6%B8%AF01-%E5%8D%9A%E8%A9%95

HKIA a Quick Guide for Promoters on Architectural Competitions: https://www.hkia.net/uploads/en/publication/publication/A_Quick_Guide_for_Promoters_On_Architectural_Competitions_Final_20220926_e-copy.pdf

20

透過流行文化創作
重新發現城市美好

只有透過每個城市人的投入參與和付出，
才能成就一個城市的美好環境和理想遠景
的實踐。我們每個人都是城市的持份者；
我們每個人都是城市的創造者。

簡思諾、蕭鈞揚
張凱科、郭永禧
註冊建築師、城市規劃師

四位建築規劃界內志同道合的「80 後」，生於斯，長於斯，從大學走進社會，一直心繫我城發展，立志以專業貢獻這片土地。這次嘗試以年輕專業角度觀察大城小事，剖析新一代潮流影像文化與城市規劃設計的關係，期盼能得到啟迪，反思如何為香港都市空間發展開新篇。過去幾年來，香港經歷巨變，迎來一場又一場考驗與挑戰，當日熟悉而熱愛的香港，恍如隔世，只可追憶。執筆之時，正值移民潮，送別了一位又一位選擇離開的親友，個人的離愁別緒與瀰漫社會的低氣壓交錯，揮之不去，筆尖落墨彷彿特別重、特別難。

留下來，再難也都要勇敢活著。「創作是給人活著的勇氣。」這是出自 YouTube 頻道「試當真」創辦人之一許賢在《試當真一周年現場版》中，談及近年社會氣氛時說過的一句話。所言甚是。留下來的一代年輕創作人仍舊在其各自界別、不同崗位內拼命尋找可發揮的空間和機會，活著去抵抗世界荒誕。近年流行文化界湧現很多以當下大城小事為題的作品，當中包括不同的媒體如 vlog、歌曲影片、微電影，甚或是社交平台上的現場直播等，藉著對城市多面向的觀察和想像，創作者以自身感受和情緒，娛樂受眾之餘同時亦期盼能激勵人心。

對從事城市規劃和建築設計的我們而言，城市的各種場景面貌以及城市人生活的種種從來就是創作的根源。當下城市人對未來生活的想像和願景是我們所必須探索和思考的。以下就讓我們以近年人氣的流行文化作品作切入點，藉著探討當中於網絡影像所呈現的不同的城市場景面貌和本土情懷，窺探其背後的信息思潮與這片土地未來空間設計發展的關係和契合。

本土歌姬：Serrini

現今世代，信息的傳遞往往靠短片及影像，流行的另類文化更提供我們對於城市的多一重理解。Serrini 的兩首歌《油尖旺金毛玲》及《我在流浮山滴眼水》呈現出歌詞與影像「再現」出的城市空間，饒有一種魅力，將香港人集體回憶瞬間連接起來。例如，《油》歌詞描寫到中環人（上流階層）於油尖旺與金毛玲（MK 市井的化身）遇上的經過。音樂影像中少女穿梭油尖旺舊樓霓紅、金魚街和劏房場景，孤寂於陌生上流之間，讓人體會到我們面對日益士紳化（gentrification）的舊社區時，無力感也是如此之深。畫面隨即播放另一首《我在流浮山滴眼水》，兩位女生於流浮山暫居，自絕於俗世，浮沉於流浮山日落優美的景色。流浮山可謂香港的後花園，依稀看到對岸深圳的城市剪影，流浮山脫俗的景色與兩小無猜的關係讓人聯想到香港城市面貌的另一面。城市急速發展、經濟掛帥看似正常和理所當然，「縱使落日終要歸去」，但保留一座或更多的流浮山於城市空間和心坎裡，或能令大家歇息，欣賞自然的美，勇敢再走下去。

大西北起義：TomFatKi

自從天水圍由魚塘農地發展成新市鎮，人口急劇上升而帶來的社區問題，在新聞中被塑造成悲情城市，漸漸被貼上負面標籤。和天水圍相關的作品一直停留在這個印象，直至《天水圍 Gang Gang》的出現令人耳目一新。

一般人認為中環、尖沙咀是香港的中心，屯門、元朗、天水圍是香

352

港的邊陲，「TomFatKi」用文化帶領大西北反攻城市，把天水圍塑造成自己的部落，新北江彷彿就是部落的中心。正所謂「港島揸林寶，我地揸 Ofo」，社區因地理位置而成為邊陲，邊陲卻發展出自己的在地文化。建築師 Rem Koolhaas 在紐約古根漢美術館的展覽「Countryside, The Future」中提出城市以外的可能性：鄉郊是現在演變最急速的地方，我們的文明正在此醞釀。鄉郊邊陲一般被視為城市的腹地或後勤支援地區，但其實他們是相輔相成，互為從屬。當我們困於疫情期間，每逢周末遠足爬山，究竟誰是主誰是次？我們住在城市之中，但「the mountains are calling and I must go」。很多城市人到元朗信芯園打卡拍照，那裡因一望無際的太陽花而十分受歡迎。「TomFatKi」的《太陽花》與其《太陽花 Part II》借其「膠遊」之經歷，帶出他們的成長和忠於自己的初心，由「開頭只係同大家玩吓」，到「玩玩吓兩年後做咗 Rock Star」。豐富的文化和城市也是從下而上，真摯地從心而發所孕育出來。

觀塘愛情三部曲之舊情不再：Dear Jane

樂隊 Dear Jane 於 2016 年推出了三首取景於觀塘的音樂影片——《哪裡只得我共你》、《只知感覺失了蹤》和《經過一些秋與冬》。貫穿三部曲的男女主角邂逅於巧明街的後巷，相愛在裕民坊的天台，站在見證觀塘新舊文化的交叉點，過著「浪漫溫馨一世紀，那裡只得我共你」的時光。但日子流逝，二人經歷感情的分叉點；他們在人潮如鯽的觀塘道牽手前行，同坐港鐵觀塘線的情景不再，只能「隨列車飛過，手放開」。男女主角在觀塘的約會回憶隨感情消逝而慢慢褪色；由數代觀塘街坊和商販建立的社區網絡，亦隨著觀塘裕民坊一帶的重建項

目不斷推展下，無法避免迎來推土機。「得到的若期望有限期，失去的未重聚已別離」也許是觀塘人面對自身社區逐漸崩塌的心靈寫照。除了觀塘，油麻地、旺角、九龍城等地區亦即將啟動重建，在提供更多住宅供應和釋放舊區發展潛力的同時，能如何避免酒店化、納米樓化、商場化的發展模式，使得「以人為先，地區為本，與民共議」不會只淪為口號？隨重建被侵蝕和窒息的社區肌理，能在建築和城市空間大洗牌後重新和不同世代的人連結嗎？當區居民，尤其基層市民的生活能如何不被壓縮和邊緣化？在時代的巨輪面前，願香港成為「無人被嫌棄，無人被人欺」的地方。

流行文化是時代的產物，與我們的生活息息相關。流淌的音樂與流動的影像都能讓人一瞬間回到那個時代的場景，感受流行文化所傳遞的豐沛能量與時代氛圍，喚醒我們對城市的記憶和想像。

一個人原來都可以盡興：懷疑人生就去

悠揚的配樂摻雜著貨車聲，風把樹葉吹得窸窣，遠處隱約傳來小販的叫賣聲。在交通燈信號聲下，主角孤身隻影在這城市中散步。這些都是 YouTube 頻道「懷疑人生就去」一貫富有電影感的取景與構圖。從日到夜，「懷疑人生就去」帶領觀眾在熒幕中遊走熟悉的街景和社區——待入伙的公共屋邨、鬧市中的一片寧靜角落、新落成的文藝建築、即將翻天覆地的新發展區等等，更不乏在疫情下被圍封的遊樂空間和運動設施。事實上，我們使用公共空間的方式在疫情席捲前已經非常受限，在公共遊樂和運動空間放風箏、踩滑板、玩音樂，以至躺在草地也會被阻止。疫情漸成常態後，我們更彷彿習慣了公共遊樂和運動空間的使用權被剝削。在後疫症時代的公共空間設計，可以如何讓使用者單獨活動而不感孤獨？到訪遊樂和運動空間的市民可以如何在社交距離下一同享樂與產生連結？

這幾年的香港的確令我們懷疑人生，但懷疑人生過後或許我們就去散步，與步道途人擦肩，傾聽城市脈搏，也問自己可以做什麼，讓街道上以為是自己一個人的人，不再是一個人。

三人城市意象：試當真

在香港抑壓、絕望、疫情看此永無止境之際，「試當真」破繭而出。三位創辦人游學修、許賢及蘇致豪從自己的生活範圍中築起舞台。從早期的屯門至近期的葵涌，他們在自己成長的環境和工作室附近拍攝故事劇場或二次創作，把社區的細節和氣氛盡加發揮，為城市編織故事而增添一份幽默玩味。

適逢電影《天能》在香港上映，《寫實的天能》用香港的場景拍攝了屬於我們的版本，以屯門公園的共融遊樂設施作為主場景，用氹氹轉模仿讓時間逆轉的裝置。主角在逆行之際，其他兒童如常在遊樂場中玩耍，在反差中感覺超現實。《唔准搭膊頭》全程在輕鐵大興北站取

景，中間的草地圓環是輕鐵調頭的地方，對並非經常出入屯門的人感覺十分新鮮，經常想去一睹其真面目。那個本是純功能的設計，卻成為 YouTuber 的表演舞台，上演一幕又一幕荒誕又寫實的情節，不禁讓人慨嘆「還有什麼是大興北拍不出來的」。疫情把我們困住，這城市原來尚有很多未被我們發掘的地方。《冰島灘鼓龍》卻是在愚人節戲弄朋友，龍鼓灘就是冰島。友人不斷質問龍鼓灘的細節，為何冰島有發電廠煙囱圖和代客泊車的橫額。城市規劃師 Kevin Lynch 在 *The Image of the City* 中提出人是如何體驗城市和建立相應的意象。我們在細節中辨識、在感受上確立記憶，城市同時成為下一次創作的取材之處。

集體回憶朝聖港產片：Hebeface

經典港產片於網絡重複再現，加上短片平台不時播放剪輯的精華片段，加強了觀眾和不同世代的記憶。有些城市場景這麼近那麼遠，日常生活可能經過，或是要特意朝聖，還真令觀眾可能混淆了那些是自己的真實記憶，還是電影情節所建構的影像。有心人 Hebe 透過考證，如實地考察、訪問街坊、搜查舊地圖等為大家尋根，找出港產片家傳戶曉的電影場景，數十年過去，都市空間情景已今非昔比，不少已經消失，但其意義在於懷緬過去港產片光輝歲月，令人體會到那一刻時間空間只能在電影裡永遠停留，光影於百世傳頌。建築師波贊巴克特（Christian de Portzamparc）曾說過歷史就是我們的未來，因為歷史建構所有的思想，影響到未來的城市建構。我們不知道所處的空間場所是何處、何人、何事所造成，但憑藉保留下的建築，我們也可略知一二。所以波贊巴克特認為「建築就是把時間具體化」

（Architecture is time made concrete）。建築師所構思的建築空間，實踐後成為歷史，大眾亦於空間裡記載了感情和回憶，也刻劃了建築的痕跡。建築和城市印證了時間，從而把時間和集體回憶具體化。縱然，我們不能穿越或抵抗時間，但我們可以活在當下，共同守護憶記。

上文提及以城市為場景，從本土、大西北，回到舊工業區取景；從一個人、三人行，到集體的文化，這些近代流行作品大概只是冰山一角。慶幸我們還有這群年輕創作人鍥而不捨為這片土地播下種子。小小創作；大大宇宙。這些創作令人重新發現城市的美好，亦給予當代城市人前行的勇氣和希望。 在世界資訊暴增的時勢，永遠別要小看創作可發揮的影響力，當下多少人氣 KOL 或網紅，在其作品未爆紅之前皆是寂寂無名的小伙子。就如流行藝術傳奇人物安迪‧華荷（Andy Warhol）也曾言：「In the future everybody will be world famous for fifteen minutes.」

每個 KOL 手持流動電話，隨時隨地拍片打卡、「呃 Like」、「Share」，即可引起迴響。有趣的是，近年的公共空間設計比賽都要求建築師思考如何設計出「打卡空間」，如何吸引更多遊客。孰好孰壞？該空間又是否符合專業建築師眼中的優良空間？流於媚俗還是只可孤芳自賞？我們不忍只看到都市空間只為「呃 Like」而變成卡通化的平庸樂園空間。但同時，變幻原是永恒，空間多變用途不限，短暫設置也許更能讓空間發揮最大作用。

我們作為城市規劃師和建築師去創造我們的城市環境，除了個人的想法與追求外，更多是以我們的專業去貢獻和履行社會責任。城市環境

的創造，除了考慮功能和設計美學之外，更重要的是創造者對城市、社會、人文的理解及願景。因此創造的過程並不可能只由一小撮人去完成，與持份者交流及公眾參與的過程從來是不可或缺的。只有透過每個城市人的投入參與和付出，才能成就一個城市的美好環境和理想遠景的實踐。筆者在此特別希望強調——我們每個人都是城市的持份者；我們每個人都是城市的創造者。引用一位對城市規劃及建築影響深遠的現代傳奇女性珍雅各（Jane Jacobs）的說話：「Cities have the capability of providing something for everybody, only because, and only when, they are created by everybody.」

又如書名《25．50》所指，我們正正置身於這個歷史分水嶺上，人

生軌跡與時代巨輪互相交錯，作別還是留下，回頭還是前行，依戀過去還是擁抱新時代，大概都需要無比的勇氣和堅持。讓筆者在此以一段歌詞作結，歌詞來自 RubberBand 的流行曲 *Ciao*：

這刻我們在一起，笑喊悲喜
巨浪翻起，亦是在一起
聽朝散聚誰先飛，未及嘆氣
細緻收起，曾同行一起的美
懇請每天，好好地過，安定還是冒險
好好掛牽，來日後見
說了再見，約定再見
就會再見

21

「規」探元宇宙

城市規劃在元宇宙時代出現另一次的範式
轉移，但同樣重要的是，我們不應該忽略
實體規劃的重要性，畢竟現實世界終究是
人居住的地方。

顧耀宗、何雅心、胡朗志
城市規劃師

圖片來源：Meta

時至今日，智能設備已成為人們身體的一部分，不論是在社交平台如 Instagram、Facebook 等關注家人朋友的最新動態，以至利用不同應用程式安排一天三餐、偵測運動量、娛樂消遣及財富管理等，所有日常大小事皆可透過一部掌心大小的智能手機解決。然而，數碼科技應用的發展並未因現時的成熟度而裹足不前。反之，一場大型的科技變革正逐漸成型，並將為城市發展及生活模式帶來改變。世界科技巨擘 Facebook 於 2021 年正式宣佈將易名為 Meta，從而顯示出公司對元宇宙（Metaverse）為未來科技生活帶來改變的信心。Metaverse 一詞，源自 Neal Stephenson 於 1992 年所著的小說 *Snow Crash*，講述人們為逃離陷入經濟崩潰的現實世界，進入數碼虛擬現實環境，故事提及人們頭戴裝置及眼罩等，沉浸於虛擬環境中。當中亦帶出數碼對映（Digital Twin）的概念，即在現實世界中存在的物理實體，在數碼平台上亦存在虛擬的雙胞胎，透過將虛擬實體內的客觀條件改變，模擬在現實世界中會帶來怎樣的影響。

數碼科技在過去數十年經歷了急劇的演變，雖然元宇宙此刻仍處於起步階段，但現已成為了大眾對未來世界的構想。元宇宙是一個聚集實體、虛擬及擴增實境的三維空間，呈現不同的「人」、「地」和「事」。在元宇宙，人們可以與不在同一物理空間的人共同創造和交流，以及進行各類的日常活動，包括工作、娛樂、學習、購物等。現時全球有多於 160 間公司正著力發展元宇宙，透過處理和運用大量的實時數據，讓數碼對映模型的運用推展到生活不同的層面之上。

與此同時，自 2019 年開始肆虐的新冠疫情至今雖然暫告一段落，但它對香港人的生活模式已帶來根本性的影響。在度過短暫的適應期

後，城市活動亦跟隨疫情所帶來的限制作出調節。由於傳染病大行其道，令到很多經濟和社交活動被迫暫停或轉移到線上，例如在家工作及本地旅遊等，成為了現今香港以至全世界的「新常態」。在疫情嚴峻的時候，不少新聞報道很多香港的安老院舍基於保障院友的健康為由，都會禁止外來人士以至親友的探訪。而親友們為了表達關心，只能在院舍門外遞上物資，由職員轉交院友。院友亦只能透過職員的協助，以視像電話與親友聯繫，以解思念之苦。同時，很多抵抗力較差的群組都會避免到診所，以免增加被傳染的風險。因此不少中西醫診所推出網上問診服務，遙距診症。

隨著傳染病大流行逐漸變得頻繁，加上「新常態」對城市人生活習慣所產生的改變，筆者三人身為青年規劃師，相信高新科技的應用將改變現時相對側重二維數據的城市規劃專業。本文嘗試想像元宇宙及相關科技如何讓城市活動變得不再一樣，希望在「應對需求」和「前瞻規劃」兩方面，探討元宇宙對城市的運作及發展帶來的機遇，並冀望在 25 年後回看這篇文章時，亦能與當刻的城市面貌進行比對。

應對需求：運用虛擬辦公室提升辦工效能及服務範疇

新冠疫情下，不少公私營企業均推出在家工作的安排，以應對各地政府限制社交距離的措施，同時確保企業能夠繼續營運。現時在家工作安排主要都以視像會議、電郵及連上公司內聯網等方式運作。在元宇宙發展的大趨勢下，在家工作會否更進一步，透過運用擴增實境（Augmented Reality, AR）及虛擬實境（Virtual Reality, VR）等沉浸式的技術，讓員工即使在家，都能跨越空間的限制，在元宇宙虛擬辦公室工作？

吳傑莊議員元宇宙辦公室（圖片來源：吳傑莊議員 Facebook）

元宇宙虛擬辦公室的概念，主要是指用家不需要固定在一個實體空間，而是可以透過不同的虛擬工作空間平台，配合 AR 及 VR 等沉浸式的技術及裝置，進行遙距工作。例如在 Meta 研發的 Infinite Office，用家只要佩戴上 VR 裝置，就可以在虛擬空間看見像真度極高的工作環境，並如常處理工作事宜。虛擬工作空間的一大特色是用家可以自訂個人化的工作空間，隨意更改主題及版面設置，以回應不同用家的需要。元宇宙虛擬辦公室的發展未有停留於虛擬工作空間，更會涉獵人工智能（Artificial Intelligence, AI），透過虛擬員工處理不同類型的工作，如預約會議、資料收集，甚至統計及分析等。

在今天的香港亦有相關應用，早前立法會議員吳傑莊博士就設立了

| 想像未來 |

「元宇宙議員辦公室」，可以透過視像通話及電腦畫面分享，在虛擬世界處理市民的查詢。而且他們正在研發利用 AI 取代真實的職員，以不同語言處理類似的查詢，即使沒有職員在元宇宙議辦當值，仍有 AI 能為市民提供服務。

然而在元宇宙虛擬辦公室急速發展的同時，在一份由英國劍橋大學、德國科堡應用技術大學和微軟研究院等多個組織共同進行的研究，卻發現「在虛擬世界工作時，測試者對工作的焦慮增加 19%，而他們的工作量比起在實體辦公室更增加 35%[1]；此外，在虛擬環境中，測試者表示無法及時或高效地完成工作所引起的挫敗感上升 42%，而生產力更下跌 16%」。

元宇宙虛擬辦公室在香港仍處於實驗階段，有關怎樣落實和普及仍有待探討，但正在崛起的創新科技產業，對辦公室的要求不論在地理和功能上，都與傳統的商業區有不少分別，辦公地點可能不再只是純粹工作的地方，而是可以讓員工同時兼顧工作、家庭、康樂各方面的需求。以上的變化，值得我們深思未來的工作模式（如元宇宙虛擬辦公室）對空間規劃的影響，例如「商業」用途地帶能否提供更多的彈性，以滿足未來更多樣性的「工業」、「商業」和「住宅」混合生態；同時，現時的商業核心區能否騰出更多靈活的空間，作其他適切的用途，以符合未來社會的需要，並提升市民生活質素。

應對需求：虛擬旅遊和沉浸式的休閒娛樂新體驗

元宇宙發展除了帶來工作模式上的改變，在休閒娛樂的需求方面，亦

帶來了新的面向。元宇宙的發展讓視覺仿真的科技更上一層樓,信息的表達形式從二維平面升級到三維立體空間,帶動影視、動畫、音樂等內容製作的全面升級,為文創產業帶來全新的發展機遇。

以旅遊文化方面為例,日本有公司推出元宇宙旅遊項目「SKY WHALE」。疫情關係,市民無法一如以往自由到訪日本,為了與顧客建立緊密聯繫及滿足人們的旅行需求,該公司透過虛擬形象,讓用戶遊覽日本。「旅行元宇宙」業務今年將會啟動,用戶可以透過專用應用程式自拍,創造屬於自己的虛擬人物,在元宇宙遊歷不同景點、購買紀念品和特產,甚至與自己的家人和朋友共同旅行。

此外,首爾的旅遊景點如光華門廣場、德壽宮和南大門市場等,將成為元宇宙首爾虛擬旅遊的特殊區域。根據首爾市政府的介紹,遊客可以乘坐城市觀光巴士在元宇宙中遊覽。首爾的代表性節日和展覽如首爾鼓節和首爾燈節,因疫情無法開展,未來亦可以作為 3D 沉浸式內容在元宇宙平台中舉行。

即使疫情過後,各地陸續恢復通關,元宇宙科技仍能豐富旅遊的體驗,包括使歷史建築重見眼前。西安正進行名為「大唐・開元」的項目,打算利用虛擬建設的科技,復原長安城的歷史風貌。不久,用戶就能夠通過登入該元宇宙,領略唐朝風光,與朋友互動以及購買特色紀念品等,遊遍「大唐不夜城」。

在元宇宙旅遊,或者可以讓因各種原因無法親身前往的旅客,也能一睹當地的風光,過一下「旅遊癮」。然而,元宇宙中的所見所聞和大

「SKY WHALE」計劃概念圖（圖片來源：ANA）

部分風景都是預設的程式，未必能滿足旅行的體驗式感受，例如自行發掘當地秘景，以及與當地人交流的樂趣，相信糅合實體和虛擬世界兩者的旅遊體驗，將會是未來的新趨勢。要開拓元宇宙所帶動的虛擬世界創新，以及嶄新的休閒娛樂體驗，除了基建和空間規劃上的配套，亦需要支持相關的產業發展，並制定適當的法律規管，以提升香港在旅遊業和休閒娛樂方面的吸引力和競爭力。

前瞻規劃：透過模擬技術推動城市管治及公共服務

元宇宙亦與智慧城市的發展息息相關，並為城市規劃和管理帶來新的機遇。現實的城市空間可以在元宇宙的世界中模擬、分析及改造，城市規劃師亦能藉此掌握更全面資訊，以整體城市規劃的角度，更有效推動跨部門統籌和協調工作。

過往，不同的規劃及設計理念，是在 3D 模型中展示，而隨著 AR/VR 科技越趨成熟，它們將能夠在元宇宙中模擬，讓設計師和大眾率先感受，共同協力創造出更多可能。如在項目發展前，可以先在元宇宙中模擬發展計劃，例如風向、日照、熱島效應等微氣候，並將交通路線、行人通道及社區設施等數據導入，用一個比傳統 3D 建模更精準的虛擬場景，進一步諮詢公眾對發展計劃的看法。此外，在元宇宙的世界，可以及早發現規劃可能存在的問題，並基於模擬或者 AI 的分析提供更新、更有效的規劃建議。

除了以虛擬場景作公眾諮詢外，元宇宙亦為社區規劃及公眾參與帶來更多可能性。例如把元宇宙與政府的空間數據共享平台（Common Spatial Data Infrastructure, CSDI）結合，把各類型的空間數據視像化。另一方面，市民亦可以提供回饋，就著虛擬場景中的街道、巴士站及街市等社區設施直接提出意見，並儲存到元宇宙的相關資料庫，構建成一個社區用家意見收集平台，政府可以定期檢視資料庫的內容，改善有關社區設施／服務。

韓國政府亦於 2021 年推出元宇宙首爾基本計劃，將元宇宙平台應用擴展到市政管理的領域，例如讓市民戴上 VR 設備與市政府官員會面，進行虛擬諮詢，作為政府與居民之間的開放式溝通渠道。中國有不少城市如青島、南昌和杭州，亦正在努力打造自己的「元宇宙城市」，在政策和投資上積極支持 AR/VR 產業發展。然而，目前 VR/AR 的專業設備對許多人來說較為昂貴，有待進一步普及。另外，一些重要的規劃考量，例如社區網絡和地方特色等，又能否在元宇宙的世界中充份呈現呢？

首爾市長吳世勳在元宇宙首爾發表會上的致辭（圖片來源：The Korea Times）

元宇宙亦有助城市提升在緊急危機或突發事件時的應急能力。在疫情下，許多城市面對封區、隔離或檢測等突發需要和安排，難免因為缺乏相關經驗，而引起大大小小的混亂。城市管理者可以在元宇宙中模擬及演練疫情、火災、水災等應急事件，以加強城市的韌性，讓城市系統及居民在各種衝擊和突發情況下，仍能保持正常運作。

前瞻規劃：元宇宙即新世代的規劃工具？

上文提及的工作模式、旅遊發展和城市管治，相信只是整個元宇宙世界觀的一小部分，當中的技術和應用仍然處於起步階段。但從這些例子中，我們可以窺探未來元宇宙所帶來的轉變。元宇宙的出現，意味著不同的城市和經濟活動將會逐漸「去中心化」，而城市人作為獨立的個體，將會乘著元宇宙科技的效能，讓生活上的大小事發生在實體

和虛擬兩個世界之間。這樣的彈性和不規則性將會是大勢所趨，不但徹底改變城市人對土地空間需求，更可能挑戰傳統城市規劃對土地用途及空間佈局的理解。以香港為例，現時的城市肌理是透過分區計劃大綱圖，劃定不同土地的用途（例如「住宅」、「商業」、「工業」、「政府、機構或社區」地帶等），讓相關或相容的建築物和發展，在預先規劃好的佈局中出現。當中會清楚列明，什麼的土地用途是經常准許，什麼需要城市規劃委員會的許可。這樣的規劃系統，反映著城市規劃師一直認知的傳統規劃邏輯，即土地用途有其獨立區別性，同時不同用途需要在空間上有適當的區分。

然而，元宇宙的出現，將會讓眾多城市功能伸延到沒有空間限制的虛擬世界，例如人們只需要佩戴介面設備，就可以足不出戶工作及旅遊。這樣的趨勢，將令城市中心功能未必再需要集中用作政府服務和金融行業；同時，不同社會及經濟活動對實體世界的空間要求，也變得更有彈性和更少限制。因此，我們可能將會見證城市規劃在元宇宙時代出現另一次的範式轉移，繼而令城市規劃師的專業亦有所調整。相對於現時的俯瞰式土地用途規劃，元宇宙將能夠更大幅度地收集城市數據，呈現不同城市地點的實時資訊，以至個人的生活信息。同時，元宇宙模型亦可以更有效地提供不同平台，讓市民就城市議題發表意見和討論。因此，將來的城市規劃將會更倚重大數據分析及城市設計的能力，城市規劃師亦需要懂得如何運用不同的設計及交流科技，同時消化大量數據，在現實和虛擬世界之間，促進持份者在城市議題上的參與和建設。

筆者感覺現在的時間點，有如 1990 年代互聯網剛興起之時，大家

圖片來源：CSM Tech

對這樣的新技術仍抱有很多疑問，未能想像它將會在生活每一個層面帶來翻天覆地的改變。在執筆此刻，我們已目睹在互聯網的進步下，加上智能設備的普及化，城市人的生活已不再局限於實體世界，繼而令生活模式以至行業生態逐漸改變，包括城市規劃的方法及考慮。然而，凡事都有一體兩面，我們亦可以預視元宇宙世界可能帶來的問題，特別是擴大人與人之間的隔閡，即使科技如何先進，亦不能取代面對面的接觸，以及一些實體世界的價值，如社區網絡和物質／非物質文化等。文章開首曾提及「數碼對映」的構念，虛擬實體是現實世界的映射，因此後者的存在是必要的，虛擬世界並不能夠取代現實。城市規劃是希望透過調配空間資源，以達至福祉最大化，在這個前提下，城市規劃師確實需要在元宇宙發展的當頭增進自己掌控新技術的能力。但同樣重要的是，我們不應該忽略實體規劃的重要性，畢竟現實世界終究是人居住的地方。當專業容易變

得制度化及公式化時，單純依賴科技作為規劃工具，將令我們的城市變得單一及欠人性化。我們相信規劃專業所秉承的「以人為本」精神是恆久不變的，從人出發的規劃，方可建構可持續的城市。元宇宙的發展可謂一日千里，且讓我們繼續觀望，同時增值自己，與時並進，為即將到來的轉變做好準備。

註

1　HKET（2022），《【元宇宙開工】元宇宙工作有何感覺？劍橋研究：VR辦公引挫敗感及效率低》，11 /7/2022，Retrieved from https://inews.hket.com/article/3295283/

筆者簡介

01

五十年真的不變？

吳恩融教授

香港中文大學姚連生建築學教授。早年負笈英國，獲劍橋大學博士，於大學執教前曾任職建築師，參與建築設計實踐。主要研究領域為綠色建築、環境與可持續建築設計方法，以及城市規劃與都市氣候學，現時集中研究城市設計和氣候變化對長者健康的影響。他是香港特區政府的環境顧問，為政府制定了香港建築天然採光能效的建築規範、空氣流通評估準則及其技術性方法，以及用作城市規劃的香港都市氣候圖；亦為新加坡、澳門及內地多個省市的政府和機構制定都市氣候圖，指導城市開發專案。他兩度獲得英國皇家建築師學會國際大獎及聯合國教科文組織亞太區文化遺產保護獎，2017 年在柏林獲得世界建築節世界建築大獎。

02

新時代北部都會區及交椅洲的規劃及設計

陸恭蕙教授，SBS，JP，OBE

香港科技大學環境研究所首席發展顧問。曾擔任特區政府行政長官辦公室「粵港澳大灣區發展規劃綱要」生態文明建設特別顧問（2019-2020）及環境局副局長（2012-2017）。亦曾擔任獨立非牟利公共政策智庫思匯政策研究所行政總監（2000 至 2012）。1992 年獲委任，並在 1995 年及 1998 年當選為香港立法會議員。早年，陸教授曾在私營機構從事商品貿易工作 14 年。

目前身任可持續發展林業公司董事、港華智慧能源有限公司董事，CDP 全球環境信息研究中心董事，及世界海事論壇董事，也是香港綠色金融協會的創始顧問。

03

引導香港未來發展的策略規劃

凌嘉勤教授

香港資深城市規劃師，在 2012-2016 年出任規劃署署長，並在 2020-2021 年受特首聘任為香港深圳合作策略規劃顧問。在兩項任命期間主導完成了《HK2030+：跨越 2030 年的規劃遠景與策略》諮詢報告及《北部都會區發展策略》。

04

在保育中發展：向《香港 2030+》進發

陳輩樂博士

世界自然基金會香港分會保育總監。過去 20 年一直在香港及周邊地區進行自然保育及生態考察工作，經驗包括帶領團隊拯救全球最瀕危的靈長類海南長臂猿；受海南政府邀請協助管理海南面積最大的自然保護區；遠赴柬埔寨調查及保護當地受威脅的龍腦香森林及珍稀生物；及在多個偏遠林區開展探索性的生物多樣性大考察。香港大學博士學位，研究課題是防洪計劃對香港河溪及淡水魚類的影響。至今發表各類相關學術文章過百篇，是多個 IUCN 物種生存委員會專家組的成員，努力為香港及周邊地區的瀕危動物保護貢獻力量。

05

構建豐盛生活的城市環境

盧惠明規劃師

前香港規劃師學會副會長，前職規劃署總城市規劃師。香港規劃師學會資深會員、香港大學城市規劃碩士及城市設計證書、英國索爾福德大學地理資訊系統研究文憑。近年嘗試從宗教文化進路探究城市規劃，憧憬能啟迪更豐盛生活的城市空間。近著有《從神學的空間轉向思考城市營造環境：〈香港2030+〉個案分析》；《教會在社會變遷的角色：從聖經、神學及實踐進路探究》及《從空間批判進路研讀巴別塔敘事：批判表徵人權和傲慢的城市發展》。

周日昌規劃師

前香港規劃師學會會長，前職規劃署總城市規劃師。香港規劃師學會資深會員、香港大學城市規劃碩士及英國皇家規劃學會會員。致力促進香港城市規劃專業及推動民間社區規劃工作，其主導的《空氣流通評估及城市氣候規劃圖研究》、《東北新界新發展區可行性研究》、《灣仔北及北角海濱城市設計研究》獲得多個規劃獎項。

伍德華規劃師

前香港規劃師學會秘書，執業城市規劃師。香港規劃師學會資深會員、英國紐卡素大學城鄉規劃學士、香港理工大學地理資訊系統碩士及英國皇家規劃學會會員。曾於英國參與當地的規劃工作。倡議規劃健康城市回應全球新冠疫情，近著有《回歸步行規劃》及《做好城市規劃迎接訪客》。

06

香港有城市規劃？沒有！

伍美琴教授

香港中文大學城市研究課程主任、亞太研究所副所長。英國社會科學院院士、英國皇家規劃會與香港規劃師學會會士。曾七度獲得香港規劃師學會年獎，並獲歐洲規劃院校聯合會頒發「2015 年最佳論文獎」，曾參與歐盟及聯合國的顧問工作。城市研究課程是聯合國人居組織下全球城市運動的夥伴，積極推動 21 世紀城市新議程。

07

論城市設計

鄧文彬教授，BBS

香港特別行政區鄉郊保育辦公室總監、前建築署副署長，在建築、城市規劃和設計等領域具40 年經驗，被委任為首位啟德辦事處專員，負責一個 320 公頃前機場用地的設計及發展。現為威爾斯親王醫院基本工程小組委員會主席，監督教學醫院重建計劃並提倡健康設計，並被商務及經濟發展局局長委任為創意智優計劃審核委員會副主席；亦為規劃署前城市設計諮詢小組非官方成員、香港理工大學賽馬會社會創新設計院諮詢委員會成員、香港大學建築系客席教授、2016-2018 年度香港城市設計學會會長。

08

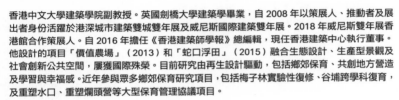

鄉郊保育：回顧與展望

鍾宏亮教授（Thomas Chung）

香港中文大學建築學院副教授。英國劍橋大學建築學畢業，自 2008 年以策展人、推動者及展出者身份活躍於港深城市建築雙城雙年展及威尼斯國際建築雙年展。2018 年威尼斯雙年展香港館合作策展人。自 2016 年擔任《香港建築師學報》總編輯，現任香港建築中心執行董事。他設計的項目「價值農場」（2013）和「蛇口浮田」（2015）融合生態設計、生產型景觀及社會創新公共空間，屢獲國際殊榮。目前研究由再生設計驅動，包括鄉郊保育、共創地方營造及學習與幸福感。近年參與眾多鄉郊保育研究項目，包括梅子林實驗性復修、谷埔跨學科復育，及重塑水口、重塑爛頭營等大型保育管理協議項目。

09

香港建築師學會年度大獎的反思及前瞻

蔡宏興建築師，JP

註冊建築師，擁有城市發展實戰經驗超過 30 年，是 DHL-SCMP「香港商業獎」2021 年度最佳執行官，相信設計和建築的力量能優化社會。他積極服務社會，在學界及專業領域擔任不同公職，包括香港建築師學會前會長、香港城市設計學會前會長、第 17 屆威尼斯建築雙年展香港展覽總策展人。曾任南豐發展有限公司董事總經理、Foster and Partners 董事、香港國際機場建築師及多個赤鱲角基建項目的認可人士，現任華懋集團行政總裁。同時亦是香港大學客席教授、羅德島設計學院校董、建造業創新及科技應用中心董事會主席、香港科技園公司及香港綠色建築議會和香港設計中心的董事會成員，以及香港工人健康中心顧問等。

10

健康建築宜居城市

梁文傑建築師

呂元祥建築師事務所（RLP Asia）環保設計總監、RLP Asia 專屬研究機構 Behave 首席行為分析師。在他的領導下，他的團隊呈現了全國首座永久民用零碳建築「建造業零碳天地」、垂直校園「高等教育科技學院柴灣校舍」、「邁向淨零」構思比賽獲獎設計作品「Treehouse」。提供諮詢研究，包括關於極端氣候條件下低能耗住宅建築設計、基礎設施設計和施工、海綿城市設計建造等方面。

2014 年被新加坡建築師學會授予環保建築師（SIA-Uniseal G-Architect）稱號，在可持續建築設計領域的專業知識和綜合設計技能獲得高度認可，涉及項目包括可持續總體規劃和調研及淨零建築設計。他為國際 Well 建築研究院（IWBI）認證的 WELL AP 及 WELL Faulty；從 2021 年起擔任香港建築師學會環境及可持續發展委員會顧問，並為香港綠色建築議會可持續發展委員會原主席及現屆增補委員。

11

香港公共房屋：回歸後的發展

韓曼博士

香港中文大學建築學院講師，研究領域為 20 世紀香港建築，從博士論文開始，已有超過十年的經歷，發表了包括公屋設計研究在內的一系列研究成果，當前的研究聚焦於香港現代建築的保育和活化。他參與完成了一項由優配研究金（GRF）資助的關於香港現代建築保育的研究項目，現正進行的主要研究項目包括關於建築師 Raymond Gordon Brown 的專題研究著作和香港重要現代建築作品的案例研究。

（另一位作者鍾宏亮教授 Thomas Chung，見 08《鄉郊保育：回顧與展望》介紹）

12

規範塑造的香港居住社會面貌

陳晧忠建築師

生於香港，1999年畢業於香港大學建築系，香港註冊建築師，從事建築設計、項目管理20年，在公營項目和私人發展的住宅、商業、酒店工程上有豐富經驗。香港建築中心董事局成員之一，專責籌辦香港不同社區的建築導賞團，作為都市導賞員（Founding Docent），讓市民大眾和不同團體機構，更能認識我城的歷史文化、城市變遷和新舊建築。在《晴報》專欄「筆講建築」撰寫文章，闡述不同城市的建築特色、歷史文化、人文氛圍和規劃願景；也於《信報》「建築思話」撰文發表對政府現行土地、房屋政策及城市發展的意見和建議。自2015年，擔任香港知專設計學院（Hong Kong Design Institute）建築設計高級文憑和學位課程兼職導師。

13

市建局重建舊區：
是地產項目還是民生工程？

譚小瑩規劃師

一位幸運的規劃師，40年精彩的專業路途上，有機會從不同崗位、不同角度去把握社會脈搏，與無數有共同理念的人士，為可持續的城市發展打拚。她曾經在政府規劃部門工作，之後營運規劃顧問公司多年，2006年加入市區重建局，並於2013至2015年擔任行政總監。2016年至今，她再成為顧問，協助遺產管理人有關華懋集團的工作，還有機會參與北部都會區的規劃研究。她熱心公共服務，1995至1997年為香港規劃師學會會長，經常與大學研究團隊和大學生分享經驗。

14

從「移山填海」到「還港於民」

吳永順建築師，SBS，JP

從事建築設計及城市設計 35 年，作品包括過百項商業和公共建築。當中有理工大學創新樓、公理堂和中環街市等項目。曾獲頒香港青年建築師獎及十大傑出設計師獎。1999 年創立 AGC Design Limited 並擔任董事至今。他積極參與公共事務，曾任香港建築師學會會長（2015-2016）及海洋公園公司董事會成員（2016-2022），並在多個牽涉海港規劃、城市設計、土地供應、市區更新和環境保護的政府諮詢委員會擔任公職。自 2018 年至今擔任海濱事務委員會主席，參與海濱發展工作逾 18 年。他兼任專欄作家，對建築設計及城市規劃的評論亦常見於傳媒報道。

15

建築保育與城市發展

林中偉建築師

香港大學建築學士及建築保護理科碩士、香港註冊建築師、認可人士及建築保育專家、創智建築師有限公司創辦人之一。曾任古物諮詢委員會委員、香港建築師學會古蹟及文物保育委員會主席。除了建築設計外，還參與歷史建築保育項目，其中包括皇都戲院、雷生春、舊中電總部及中環街市。對建築設計及文物保育有多年經驗，獲得不少設計及保育獎項，對香港城市發展及歷史建築保育有深刻認識。業餘從事香港建築歷史研究，在大學及公共機構講學。著作：《山林之樂：摩星嶺公民村》及《建築保育與本土文化》。其他合著書籍：《建築師的見觸思》、《熱戀建築》、《十築香港》及《筆生建築》。出版文章：《西環村：限制下的高水平建築設計》。

16

相約在街頭：我們的街坊鄰里

羅健中建築師，JP

可持續城市發展及鄰里社區專家，積極推動社區參與，鼓勵社會各界參與地方營造，共同建立社會、生態和經濟資本。畢業於 Stonyhurst College 及倫敦大學巴特萊特建築學院，其設計作品多年來獲得包括英國皇家建築師學院、皇家美術學院、香港建築師學會、香港規劃師學會、香港城市設計學會、城市土地學會及世界建築節的多個獎項，並獲美國建築師學會委任為榮譽會員，以表揚他在建築領域的貢獻。

1992 年與 Patrick Bruce 共同創立歐華爾顧問有限公司，同時是可持續發展及智慧城市行動研究附屬機構 INTEGER Intelligent and Green Ltd 的董事，也是香港多個公共委員會的成員，包括聖雅各福群會社區發展委員會主席、藍屋遺產保育和社區參與項目「We 嘩藍屋」董事、公共空間組織「非常香港」及旗下平台「非常協作」創始人及策展人。2012 年為威尼斯雙年展香港館策劃的東九龍城市更新展覽，獲英國建築雜誌 *The Architects' Journal* 選為全球五大最佳展覽之一。

17

五十新家：如何建造長者友善的城市？

胡令芳教授

香港中文大學賽馬會老年學研究所所長。畢業於英國劍橋大學，1985 加入中大內科學系，自 2014 年中大賽馬會老年學研究所成立以來，一直擔任所長一職。研究範圍包括影響老年人的慢性疾病、健康服務研究、營養流行病學以及臨終病人的生活質素，於專業期刊發表超過 800 篇文章。

高家揚建築師（Rina）

香港中文大學賽馬會老年學研究所研究建築師。關心長者議題，2018 年加入中大賽馬會老年學研究所，進行跨領域研究，探索城市建築設計如何環環相扣地影響長者的健康和福祉。加入中大前，曾在 Herzog & de Meuron 擔任建築師，在 2014 至 2017 之間參與兩個香港公共文化項目的設計。她希望以建築設計及藝術創作營造集體意義，創造社會價值。

18

活用設計創意解難　共建宜居城市

嚴志明教授，JP

英國註冊建築師、傢具設計師、工業家、企業家，以及多間本地及海外大學設計學院實務教授。英國劍橋大學建築碩士及曼徹斯特大學建築學士（一級榮譽），畢業後曾執業於普利茲克獎得主詹姆斯‧斯特林爵士（Sir James Stirling）門下，參與多個國際建築項目。現任多項公職，包括香港設計中心主席、香港理工大學設計學院顧問團主席及團結香港基金顧問等，亦曾擔任行政長官創新及策略顧問團成員（2018-2022）及香港設計委員會主席（2011-2019），致力將設計思維引入工商業界。2021年，他榮獲香港印藝學會傑出成就大獎（設計界），2022年獲香港傢俬裝飾廠商總會頒授「終身成就獎」。

19

建築政策與建築設計比賽
為城市增值

陳翠兒建築師（Corrin Chan）

本書編者。香港註冊建築師，香港建築師學會（HKIA）及香港城市設計學會會員。現任香港建築師學會議會理事，曾任香港建築師學會副會長及義務司庫、香港建築中心主席。AOS. Architecture 創辦人，美國哥倫比亞大學建築及城市設計碩士，香港大學建築學學士。曾在紐約、夏威夷及香港等城市工作，亦在香港大學建築系及 HKU SPACE 兼授建築設計。

現任媒體及傳播委員會主席，曾任建築比賽委員會主席、HKIA金獎籌委會主席，策劃HKIA「健康建築健康城市」研討講座，及主持「健康城市」行動計劃。展覽策展包括：油街「越界」、「玩轉油樂場」、「築自室」、「十築香港」等。亦曾是電台節目《建築隨意門》客席主持，《晴報》「筆講建築」專欄作者之一。參與出版的書籍包括：《筆講建築》、《十築香港》、《空間的故事》，《The「逼」City》、《建築師的見觸思》等。

20

透過流行文化創作　重新發現城市美好

簡思諾規劃師

香港規劃師學會社區參與委員會成員。2020 年香港大學城市規劃碩士課程畢業，其後在公營機構從事城市規劃工作，包括處理規劃申請、參與修訂法定規劃大綱圖則及進行相關規劃研究。現職賽馬會社會創新設計院項目協理，以社區規劃及空間設計促進年齡共融。工餘時間致力倡議以城市設計和規劃提升氣候韌性，現時為香港規劃師學會可持續發展及氣候變化工作小組聯席召集人。

蕭鈞揚建築師

香港建築師學會及丹麥建築師協會會員，現為香港建築師學會規劃及城市設計委員會副主席。曾於《信報》「建築思話」專欄撰稿，並參與結集成書的工作。曾在建築事務所參與大學、住宅、學校和醫院等發展項目；亦在台灣參與社區發展和地方營造。參加過本地和國際建築展覽，亦參與和協助舉辦建築設計比賽。

張凱科建築師

香港建築師學會會員、香港註冊建築師及認可人士，現為周德年建築設計有限公司董事，2022 年獲頒「四十驕子」獎項。曾於《信報》「建築思話」專欄撰稿，並參與結集成書的工作。此外，努力以其專業身份服務社會，除了擔任現屆香港城市設計學會理事外，還代表香港建築師學會，擔任海濱事務委員會副委員。

郭永禧建築師

香港註冊建築師、香港大學建築學碩士。曾參與香港、東京、台北及洛杉磯等地的建築展覽。曾於《信報》「建築思話」專欄撰稿，並參與結集成書的工作。曾在建築事務所和公營機構參與活化工廈、大學、住宅、安老院和醫療設施等發展項目；亦曾參與向青少年推廣本地建築的義務。

21

「規」探元宇宙

何雅心規劃師（Clarice）

香港註冊專業規劃師，香港規劃師學會及英國皇家城市規劃學會會員。2017 年香港大學城市規劃碩士課程畢業，現於公營機構從事城市規劃工作，致力促進市區更新，透過重整及重新規劃，改善香港舊區環境。工作以外，熱衷於推動城市規劃專業發展，以及參與社區規劃，包括與非政府組織及不同背景的持份者開展各種義務社區規劃項目。先後擔任香港規劃師學會幹事、考試事務幹事會秘書、青年規劃師組聯席主席及社區規劃委員會的聯席召集人。

顧耀宗規劃師（Felix）

香港規劃師學會會員。2017 年於香港大學城市規劃碩士課程畢業，曾先後於私人發展商及公營機構從事城市規劃工作，包括處理規劃申請及參與制訂法定規劃大綱圖則的過程。工作以外，熱衷於社區規劃，曾先後擔任香港規劃師學會青年規劃師組聯席主席及社區規劃委員會的聯席召集人。任內參與過籌辦城市實驗室、灣仔街坊規劃師、健康空氣社區及香港友好寵物海濱規劃設計比賽等社區項目。

胡朗志規劃師（Keith）

香港規劃師學會、英國皇家城市規劃學會及澳洲城市規劃學會會員，香港註冊專業規劃師。2017 年於香港大學城市規劃碩士課程畢業，其後曾於本地發展商從事土地規劃及發展工作，負責為市區及鄉郊土地就住宅和商業發展項目制訂規劃方案。現時於政府任職，期間參與了制訂及修訂多份規劃圖則及相關的土地用途檢討專案。在工餘時間，致力將規劃知識及專業推廣到社會的不同群體，先後擔任香港規劃師學會義務秘書、內地聯絡委員會及大灣區規劃大獎籌委會的聯席召集人、青年規劃師組聯席主席，以及拓展公共空間教育總監。主理項目包括「大灣區規劃大獎」、「過渡性房屋規劃及設計比賽」、「體驗公共空間學習計劃」。

「你永遠不需要爲了改變而與現實鬥爭。要帶來改變，只要建立新的典範，讓舊的變成過時。」——巴克敏斯特‧富勒

"In order to change an existing paradigm, you do not struggle to try and change the problematic model. You create a new model and make the old one obsolete."——Buckminster Fuller

[書名]　　　25．50 —— 香港城市發展回顧與展望

[主編]　　　陳翠兒

[責任編輯]　寧礎鋒

[書籍設計]　三聯書店設計部

[封面設計]　Hybrid Limited

[出版]

三聯書店（香港）有限公司

香港北角英皇道四九九號北角工業大廈二十樓

Joint Publishing (H.K.) Co., Ltd.

20/F., North Point Industrial Building,

499 King's Road, North Point, Hong Kong

[香港發行]

香港聯合書刊物流有限公司

香港新界荃灣德士古道二二〇至二四八號十六樓

[印刷]

寶華數碼印刷有限公司

香港柴灣吉勝街四十五號四樓 A 室

[版次]

二〇二三年七月香港第一版第一次印刷

[規格]

大三十二開（140mm × 210mm）三九二面

[國際書號]

ISBN 978-962-04-5305-2

三聯書店
http://jointpublishing.com

JPBooks.Plus
http://jpbooks.plus